创作团队
撰　　文｜一　方
装帧设计｜郭　凯　如　风　唐　波（赏　未）
插　　图｜赵　鑫　万鱼鱼　如　风（赏　未）
资料统筹｜如　风（赏　未）

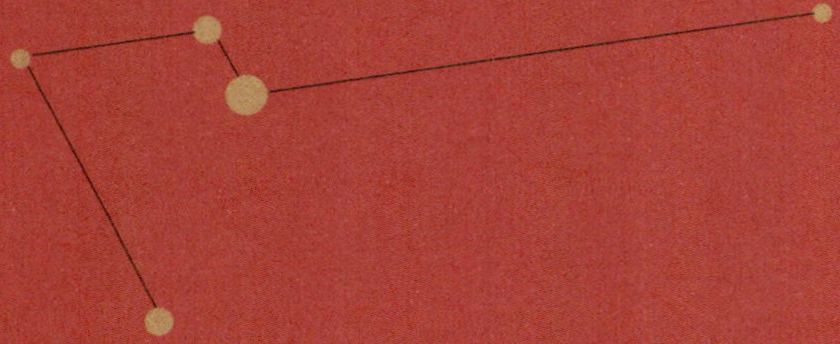

致谢

感谢工作团队为本书出版所做的辛苦付出。
感谢生肖有礼文创大赛、中国高校生肖设计大展、赏未创作平台和各位艺术家、
设计师朋友提供作品；感谢中国社会科学出版社对本书出版的大力支持；
感谢于小菓点心模具博物馆、纹藏提供素材及藏品；
感谢方正字库提供字体支持；
感谢文博顾问戴岱先生。

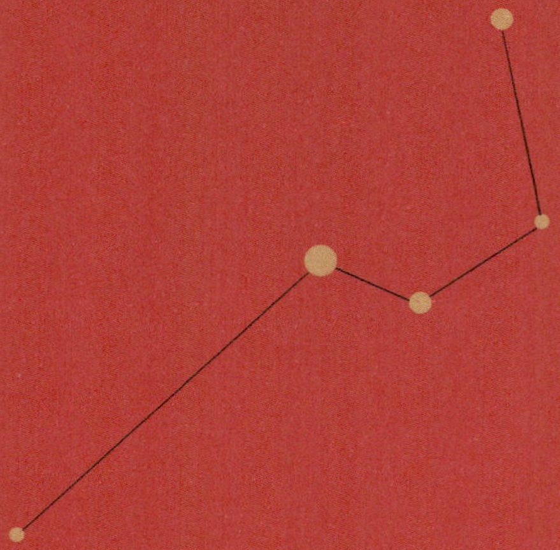

辰龙时空之旅

献给所有龙的传人

蒋云涛 主编

中国社会科学出版社

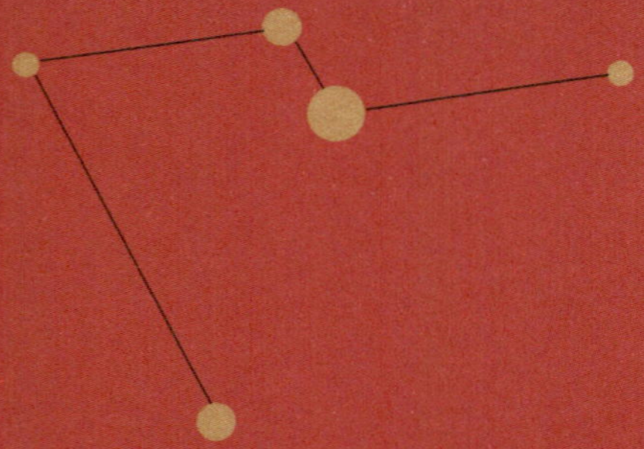

东风夜放
花千树

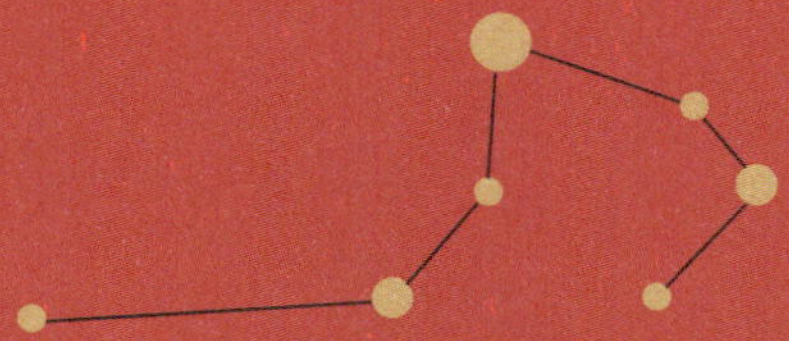

更吹落
星如雨

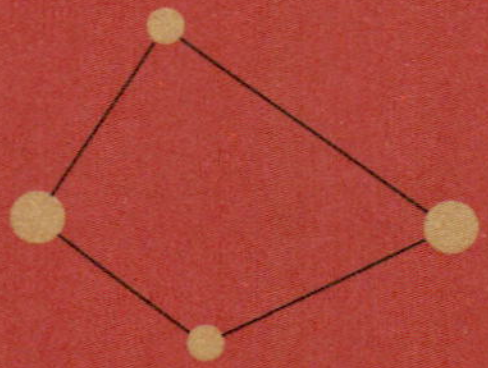

宝马雕车香满路

凤箫声动
玉壶光转

篆刻© 李慧明

一夜鱼龙舞

下篇

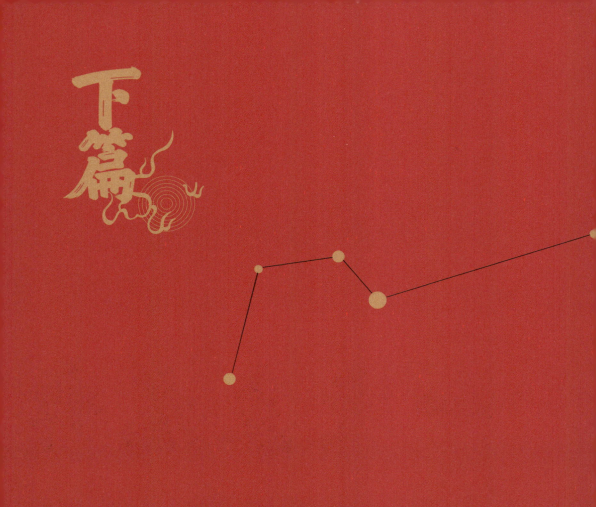

龍的传人

龍

传人

中国人以龙自喻

龙是中华民族敬

正如歌中所唱：

“古老的东方有

就叫中国，古老

他们全都是龙的

的图腾。

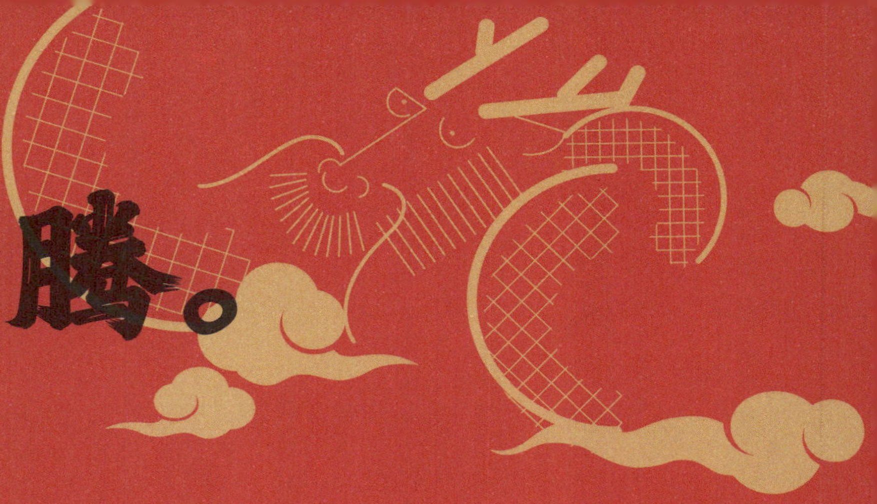

条龙，它的名字

东方有一群人，

人。

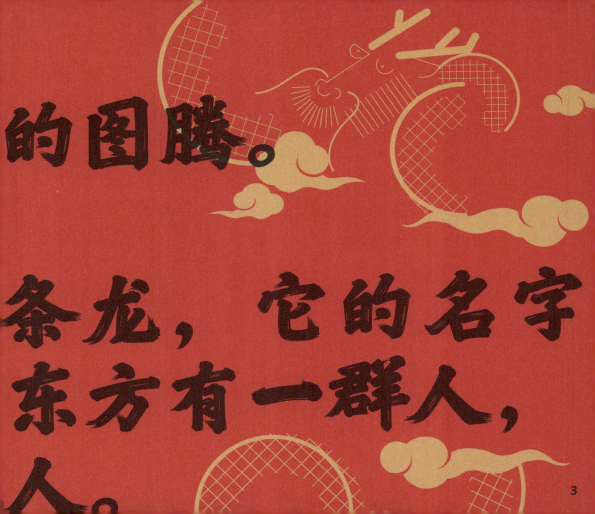

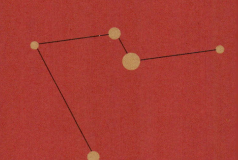

龍的传人○节日篇

龙之节日

春节

春节历史悠久，起源于早期人类的原始信仰与自然崇拜，由上古时代岁首祈岁祭祀演变而来。万物本乎天、人本乎祖，祈岁祭祀、敬天法祖，报本反始也。春节的起源蕴含着深邃的文化内涵，在传承发展中承载了丰厚的历史文化底蕴。在春节期间，全国各地均有举行各种庆贺新春活动，带有浓郁的各地地方特色。

《龙》/ 插图 © 林弈江、如风

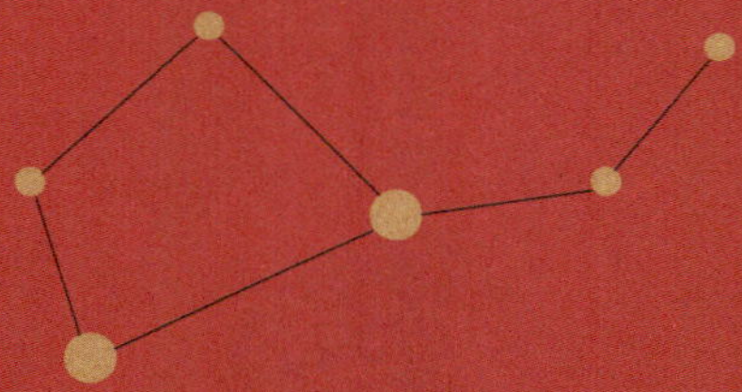

元宵节

正月是农历的元月，古人称“夜”为“宵”，正月十五是一年中第一个月圆之夜，所以称正月十五为“元宵节”。根据道教“三元”的说法，正月十五又称为“上元节”。元宵节习俗自古以来就以热烈喜庆的观灯习俗为主。

《一夜鱼龙舞》/ 插图 © 龙一甜

龙抬头

中国北方流传着一句民谚:“二月二，龙抬头，大仓满，小仓流。”相传龙能行云布雨、消灾降福，每逢农历二月初二，恰是上天主管云雨的龙王抬头的日子，从此雨水逐渐增多。

其实，“龙”是二十八宿中的东方苍龙七宿星象，每到仲春卯月之初，黄昏时“龙角星”就在东方地平线出现，故称“龙抬头”。

“龙抬头”又被称为春耕节、农事节、春龙节。自古以来，人们在仲春“龙抬头”这天庆祝，以示敬龙赐福、风调雨顺、五谷丰登。

《福气龙抬头》/图形©高鹏

赛龙舟

端午是中国古代南方吴越民族举行龙图腾祭的节日。端午节虽不名龙节，却有着龙舟竞渡的习俗。

端午节为何祭龙？这是因为，农历五月进入汛期，古人不能解释这种自然现象，认为江河涨水必有龙在操纵。在靠天吃饭的古代，农作物

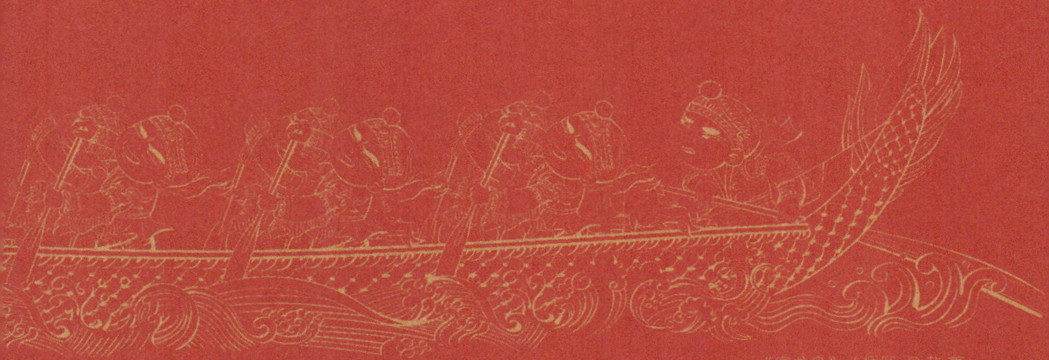

《赛龙舟》/插图 ©赵蕾

的丰收与否取决于天气，于是先祖把希望寄托在龙的身上，每年五月祭奠龙祖，祈祷一年风调雨顺和行舟安全。

龙舟竞渡的起源之一，就是古代的吴越、荆楚一带“崇拜龙、祭祀龙、模仿龙的仪式”。

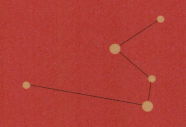

龙王会

农历三月十五日是云南特有民族之一纳西族的传统节日，在这一天他们要祭龙并赶龙王庙会。纳西族人有着悠久的祭龙历史。他们认为龙族与人类原是同父异母的兄弟，人类负责农耕与饲养牲畜，其他自然万物均由龙类主宰。人类为了与龙族和睦相处，特意设立了拜祭龙王的日子，并举行声势浩大的龙王庙会。

龍的传人○节日篇

清光绪故宫储秀宫前赶珠铜龙

祭龙日”是聚居在云南红河南岸哀牢山一带的哈尼族人民的传统节日。每年农历二月初二日这天，以村寨为单位举行祭龙游寨仪式。走在游行队伍最前的是彩纸糊的龙头，接着是男女

祭龙节

青年簇拥着的由小伙子装扮的姑娘，跟在后面的是哈尼族群众。他们敲着铓锣、牛皮鼓，吹着巴乌，弹着四弦琴在村寨周游。

《红山龙种·舞龙图》/插图 © 于进江

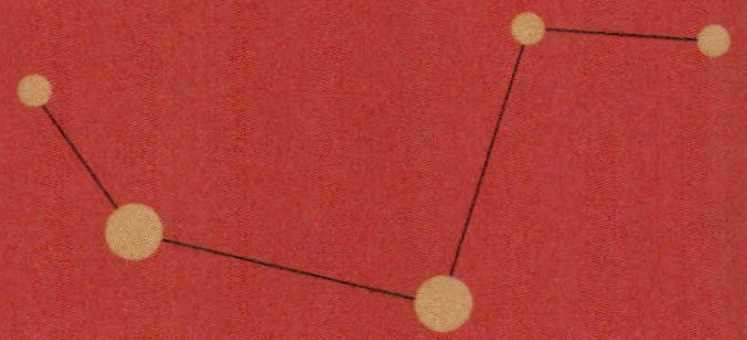

看龙场

看龙场是湘西一带苗族的传统节日。从农历三月谷雨那天算起，头次逢辰日即为看龙日，习惯称“看头龙”，过十二天又轮到辰日，再看一次，称“看二龙”，以此类推看到三龙为止。每逢看龙日，男女老少皆休息一天。苗族人非常重视看龙场，讲究也颇多，比如若在“看龙”这天干了农活就属于犯忌。

《龙》/ 图形 © 如风

送龙节

送龙节是傣族特有的节日。所谓“送龙”是送祭品给龙神，意为龙神开恩照顾，带来好日子，所以要报谢龙神。春节之前，由佛爷出面组织，有的送美食，有的送衣物，将各类物品送到佛寺后，佛寺组织巧匠编扎“龙宫”，佛爷念经、祭祀，把各户送来的礼物扎放在“龙宫”上。再次举行仪式后，把“龙宫”放在竹筏上，让竹筏在一片祝祷、诵经声中漂流而去，就算“送”给龙神了。

《东汉鎏金龙首》/插图©陈炜

龙之名人

龍的传人○人物篇

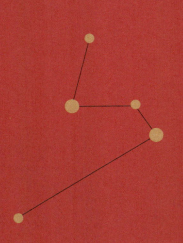

《龙》/ 插图 © 徐德宽

班超，东汉军事家、外交家，
著名历史学家班固的弟弟。
而立之年，他投笔从戎，出击匈奴、平定西域。
“不入虎穴，焉得虎子”的成语典故，就是出自《后汉书·班超传》。

投笔从戎·班超

32–102 年

插图 © 如风

《龙》/设计©岳昕

嵇康，三国时期曹魏著名思想家、音乐家、文学家。
正始末年与阮籍等竹林名士共倡玄学新风，
主张“越名教而任自然”“审贵贱而通物情”，
为“竹林七贤”的精神领袖。嵇康琴艺精湛，
尤以弹奏古琴之技艺著称，
一曲《广陵散》至今流传于世间。

《龙》/设计©岳昕

插图 © 如风

山野之仙·嵇康

224–263 年

《飞龙在天》/ 设计 © 李啸海

《龙》/ 设计 © 赏末

《龙》/ 书法 © 李惠明

王献之，东晋书法家，王羲之第七子，
与其父并称“二王”。
王献之独创了“一笔书”草体，被后人誉为简体字的开山鼻祖。
“一笔书”即行、草连绵之体，往往一笔连贯，
行云流水、一气呵成。
此法开行草书法之先，是魏晋书法嬗变中推陈出新之典范。

插图©如风

书艺之龙·王献之

344-386年

《龙腾福跃》 / 设计 © 石昌鸿

笔法宗师·褚遂良

596-659 年

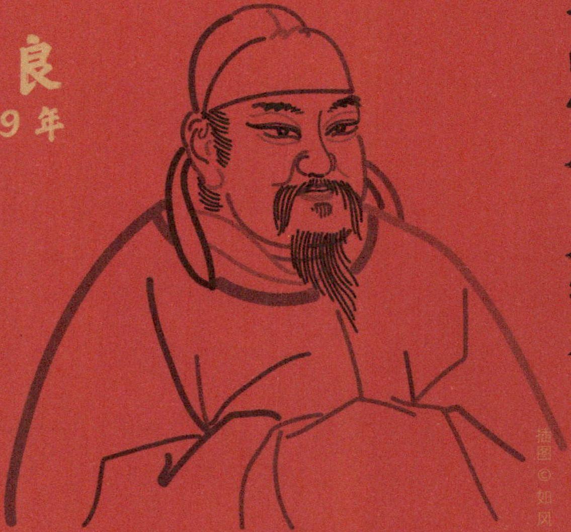

插图©如风

褚遂良，唐朝宰相、“初唐四大书法家”之一。
褚遂良博学多才、精通文史，尤以书法见长，
继承二王、欧、虞，而又别开生面。
晚年，其楷书丰艳流畅，变化多姿，
对后代书风影响甚大。
传世墨迹有《孟法师碑》《雁塔圣教序》等。

《龙翔鱼跃》/插图 © 傅淳强

朱元璋，明朝开国皇帝。
他拥有传奇的一生——少时为人佣耕放牧，
后来南征北战，荡平群雄，应天称帝。
据史书记载，朱元璋脚底有七颗痣，
是为脚踏七星，帝王的象征。
朱元璋的画像，颚部突出，相貌奇特，
似乎也预示着其真龙天子转世的命运。

插图©如风

真龙天子·朱元璋

1328–1398 年

龍隱巖

《龙隐岩》/ 书法 ◎ 马大勝

龍隱巖在廣西桂林市南溪山，有宋代摩崖石刻多件，其中以《龙隐岩》最为著名，相传有龙隐卧其间，故得此名。

威震全川桂海甲天下

蒲松龄，清代著名小说家、文学家，
著有文言文短篇小说集《聊斋志异》，
世称“聊斋先生”。
蒲松龄满腹才华却穷困一生。
他自幼便对民间的鬼神故事兴趣浓厚，
曾在家门口支起茶摊，用茶水换故事。
大量离奇的故事，经他整理、润色、加工，
收录到了《聊斋志异》中。

聊斋先生·蒲松龄

1640-1715 年

插图 © 如风

《清末民初藏族金花锦镶水獭皮女袍上的云龙纹》© 纹藏提供

纪昀，字晓岚，清代乾隆年间的著名学者、文学家、官员。
他学识渊博、才思敏捷，
作为清朝中叶执学术牛耳的一代文宗，备受文坛仰慕。
纪晓岚是中国文化史上有重大贡献的学者，
一生悉付《四库全书》，其所著《阅微草堂笔记》
和《纪文达公遗集》流传至今。

插图©如风

大清才子·纪晓岚

1724-1805年

《陈塘对峙》/插图 © 唐玉晨

诗书画印·吴昌硕

1844–1927 年

插图©如风

吴昌硕，中国画坛颇具影响力的大师级人物，活跃于晚清民国时期。
他同时擅长诗、书、画、印四种艺术，并融合了金石书画的精华，
被誉为“石鼓篆书第一人”和“文人画最后的高峰”。
吴昌硕对现代中国绘画界影响深远。作为海派绘画的创立者，
他的艺术对于中国近现代绘画的发展产生了巨大而深远的影响。
自 20 世纪以来，许多杰出的画家如王震、刘海粟、潘天寿等都受到其艺术的启发。

《龙》/ 剪纸 © 赵希岗

弘一法师·李叔同

1880–1942 年

插图 © 如风

李叔同，著名音乐家、美术教育家、书法家、
戏剧活动家。他从日本留学归来，担任过教师、编辑之职。
后剃度为僧，被尊称为弘一法师。
传唱了一个世纪之久的《送别》即由他填词：“长亭外，古道边，芳草碧连天。
晚风拂柳笛声残，夕阳山外山。”

《龙祖》/插图 © 岳昕

郭沫若，著名文学家、剧作家、诗人、历史学家、古文字学家。
他博识广闻、才华卓著。
郭沫若一生著述颇丰，主编《中国史稿》和《甲骨文合集》，
生前已有《沫若文集》行世，
去世后全部作品编成《郭沫若全集》38卷，
分为《文学编》《历史编》《考古编》。

插图©如风

多艺奇才——郭沫若

1892-1978年

北京古观象台

插图©如风

民国才女·林徽因

1904–1955年

林徽因，一位多才多艺的民国女性，她不仅是中国第一位女建筑学家，还是诗人、作家、戏剧家和社会活动家。她参与了新中国的国徽设计、人民英雄纪念碑设计。

“一身诗意千寻瀑，万古人间四月天。”在林徽因女士的追悼会上，挚友金岳霖和邓以蛰联名撰献了这幅挽联。

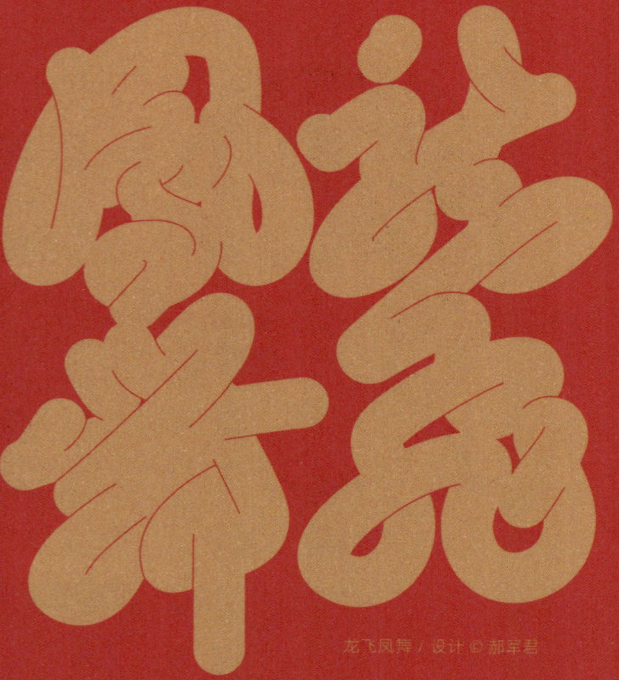

龙飞凤舞 / 设计 © 郝军君

《龙马精神》 / 插图 © 高 鹏

丁玲，中国现代女作家、社会活动家。

丁玲是第一个到延安的文人，她为陕甘宁抗日根据地原本力量薄弱的文艺运动增添了新鲜的血液。

毛泽东对她的评价：昨天文小姐，今日武将军。

丁玲创作的长篇小说《太阳照在桑干河上》荣获1951年苏联斯大林文艺奖金二等奖。

纤笔大任——丁玲

1904–1986年

《鲤鱼成龙》/ 图案 © 刘天亮

金灯常亮——巴金

1904-2005年

插图 © 如风

巴金，中国杰出的现代文学家、出版家、翻译家、社会活动家。其代表作有《家》《寒夜》《随想录》等。

巴金先生说，人的生存是一团火，只有燃尽才能重生。巴金的文字像一盏灯，照亮了我们的人生。2003年11月，中华人民共和国国务院授予巴金“人民作家”荣誉称号。

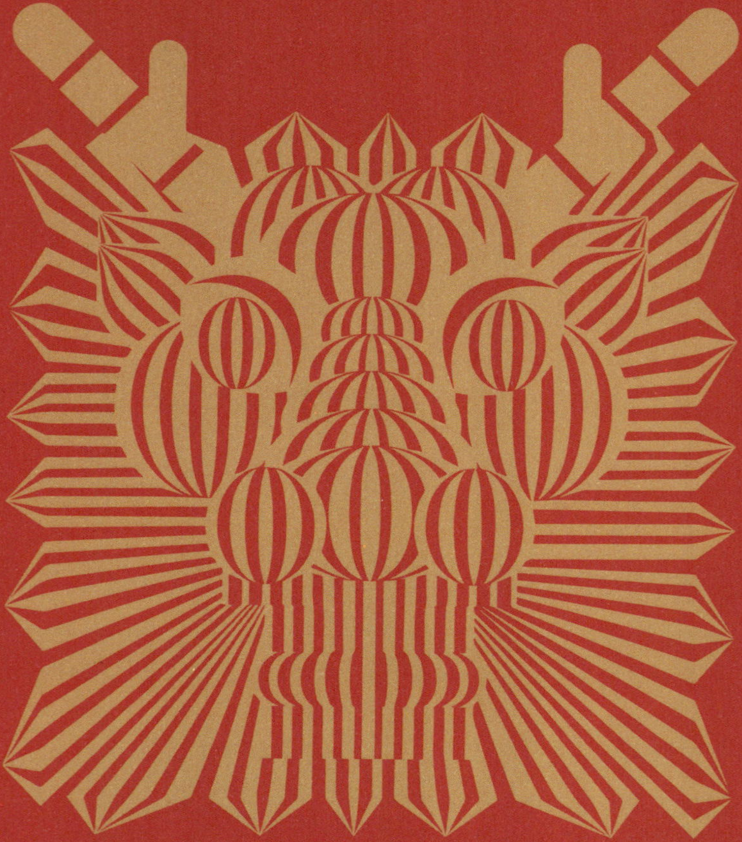

《龙》/插图©陈波

李小龙，中国功夫全球推广第一人、好莱坞第一位华人功夫巨星。
李小龙自幼体弱多病，故师从叶问学习咏春拳，以强身健体。
后博采众长，融合中西方武术之精华，独创截拳道。
凭借截拳道的独特魅力，李小龙在好莱坞大放异彩，
赢得全球观众的喜爱，被世人誉为“功夫之王”。

插图©如风

功夫之王——李小龙

1940-1973年

汉 / 六朝模印龙纹砖

插图©如风

难得明白—王小波

1952-1997 年

王小波，中国当代学者、作家。
代表作品有《黄金时代》《白银时代》《青铜时代》《黑铁时代》等。
“人的一切痛苦，本质上都是对自己无能的愤怒。”
王小波一语道破人类痛苦的本质。
“难得明白”是王蒙对王小波的评价。

龍的传人○风物篇

龙之天象

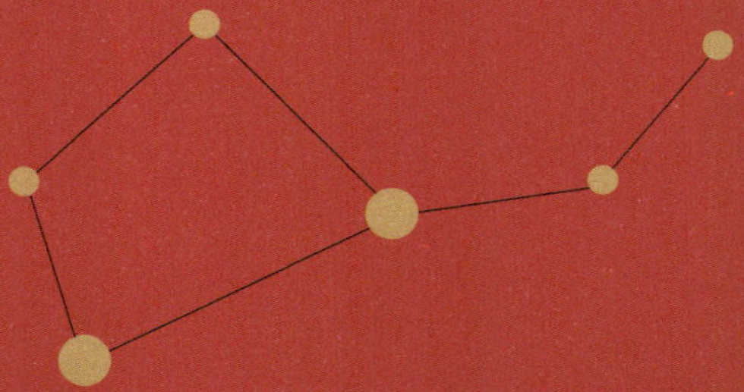

龍的传人○龙之天象

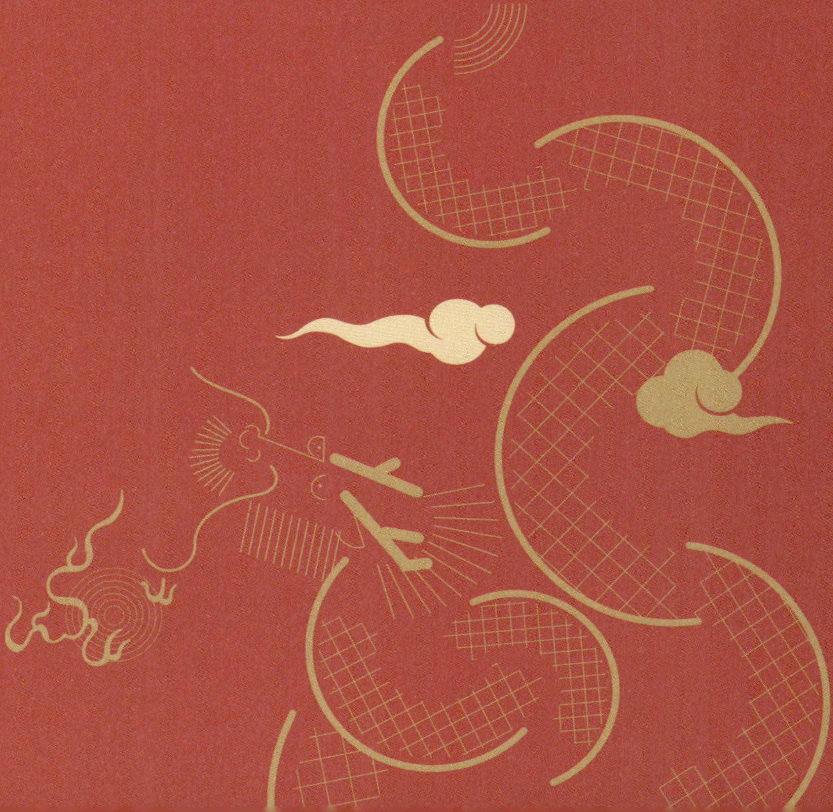

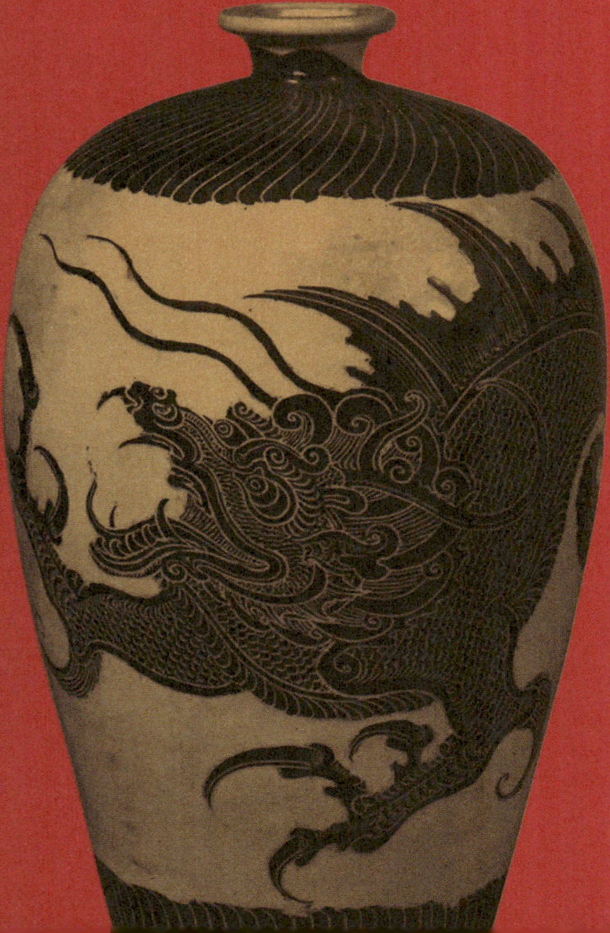

北宋磁州窑白地黑剔花龙纹梅瓶

龙卷风

善良的小姑娘多萝西被一场突如其来的龙卷风刮到了一个神奇的国度——奥兹国。
想必许多人知晓“龙卷风”为何物，都是受童话《绿野仙踪》的启蒙。
龙卷风是大气中最强烈的涡旋的现象，
影响范围虽小，但破坏力极大。
龙卷风常发生于夏季的雷雨天气，其所到之处，树木被连根拔起、车辆被掀翻、交通中断、房倒屋塌、人畜伤亡。

故宫汉白玉基座龙形螭首

龙吸水是发生在水面上的龙卷风。
龙吸水通常会在大气环境极不稳定时出现，
往往还伴有雷雨、大风和冰雹天气，
风雨呼啸，黑云压境，恐怖至极。
龙卷风经过水面时，海水会被吸到龙卷风的中间空洞里，
形成水柱，与云相接，
仿佛一条神龙张开大口在拼命吸水。

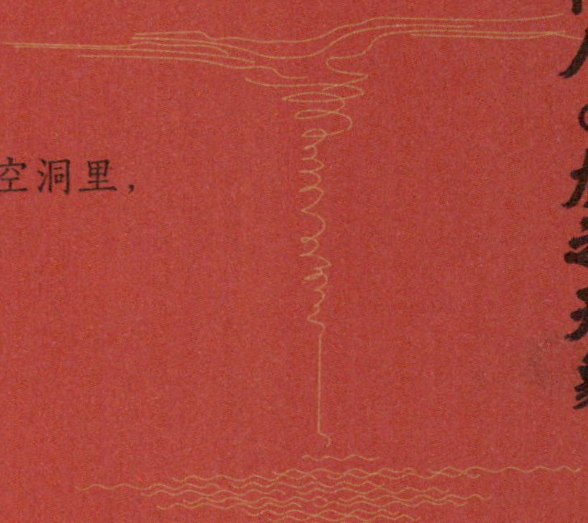

龙吸水

故宫御花园天一门前獬豸

飞龙在天

夏至前后，
苍龙七宿的“龙头”角宿会升至正南中天，
到晚10时左右，整条苍龙的“龙形”会横亘在夜空中，
人们可以观赏到“飞龙在天”的壮观天象。

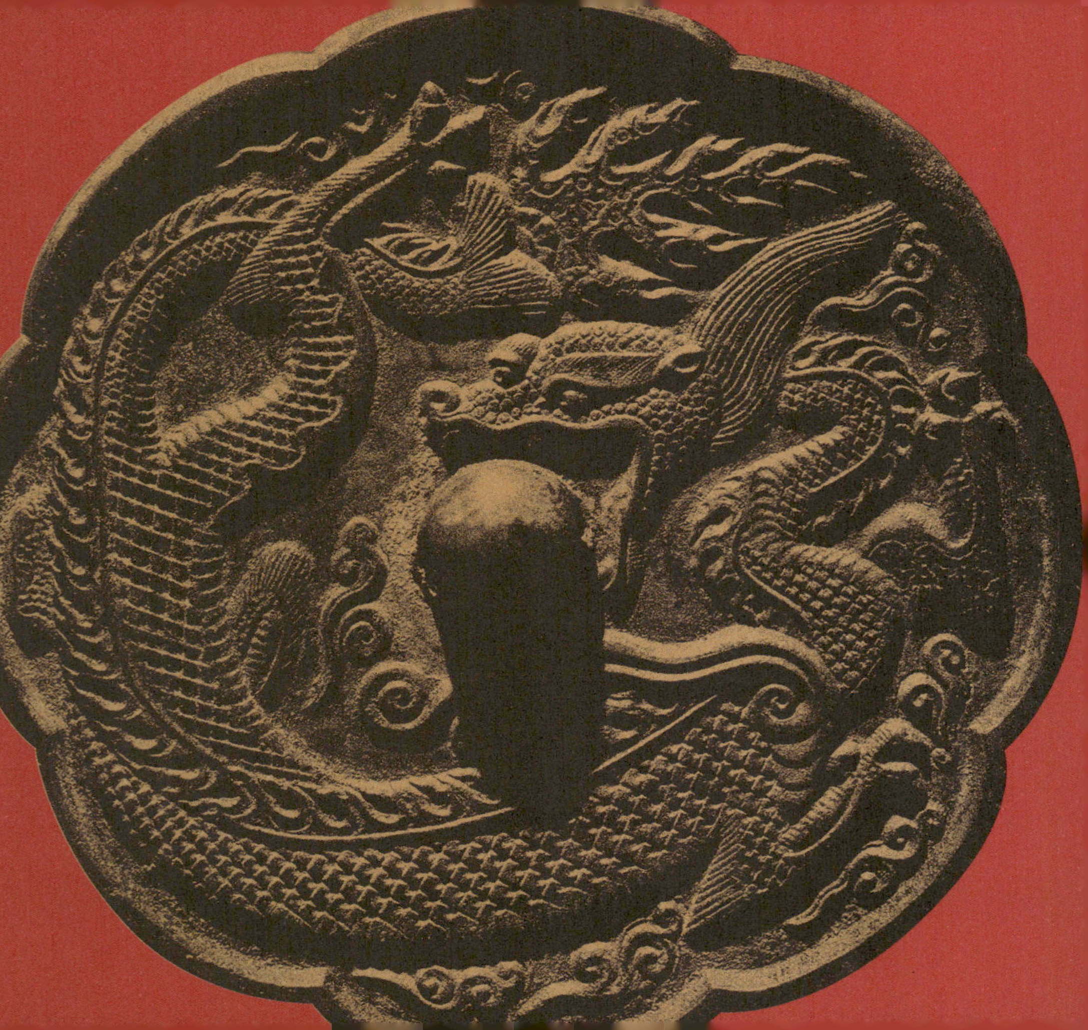

唐代铜铸龙纹镜

西周龙纹玉璜 © 纹藏提供

火焰龙卷

火焰龙卷也被称为“火魔”或“火旋风”，
是火焰在某些特殊条件下的罕见现象。
受空气温度和气流影响，火焰形成一个垂直旋涡状，
或形成类似龙卷风效应的垂直径向旋转气柱。

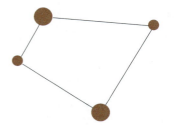

龙之非遗

龍的传人○非遗篇

《2024 联合国龙年生肖邮票》 / 设计 © 潘 虎

《龙》/ 字体 © 岳 昕

乐清龙档

乐清龙档是浙江省地方传统民俗艺术珍品。

龙档又称“凳板龙”，由一块块厚（俗称“档身”）薄（俗称“档板”）相间的狭长樟木连结而成，能自由屈伸。龙档的两头为龙头龙尾，档身则装上灯笼和旗杆，杆顶系有三角小旗和铜铃，档身下装有木柄，表演舞龙档的人就是握在这里进行操作。

关于龙档的起源，一般认为始自明朝，距今约500年历史，已进入国家级第二批非物质文化遗产代表作名录。

《龙凤呈祥》/ 图形 © 张少波

宁海龙舟

宁海龙舟雕刻技艺是工艺品龙船的一种，
取材于紫檀木、黄杨木、古沉木、香樟木、椴木等原材料，
在雕刻技艺上取玉雕、竹雕、牙雕之精华，
发挥木雕特技，精雕细琢而成。
宁海龙舟与古建筑工艺中的鲁班营造法相互融合，
把古建筑的各类造型如重磅顶、卷鹏顶、歇山顶、硬山、
攒尖等多种中国传统工艺，集中展现在一艘小小的龙船上。
技艺繁复，可谓精妙绝伦。

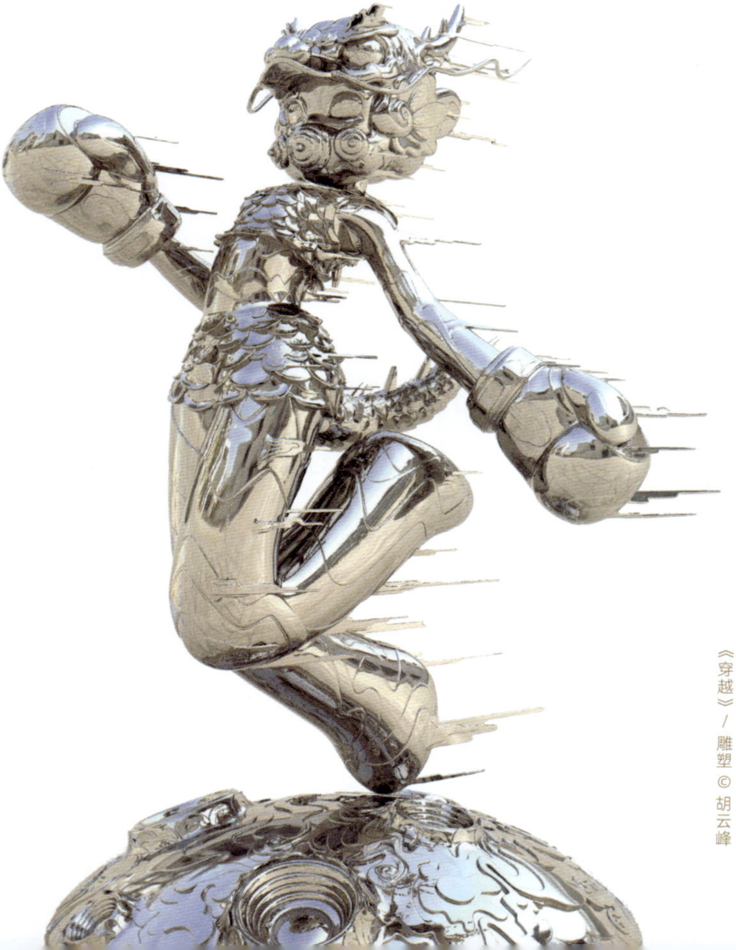

《穿越》/ 雕塑 © 胡云峰

湖州风筝

湖州风筝属传统江南风筝，用料讲究，骨架制作细腻，
图案具有浓郁的水乡特色。
湖州龙形风筝可长达200米，由100片鳞片组成，
重达六七十千克，需要百人同时放飞。
飞龙在天，甚为壮观！
风筝起源于中国，发明于东周春秋时期，至今已有2000多年的历史。
至宋代，放风筝成为人们喜爱的户外活动。
传统中国风筝的技艺概括起来有四个字：
扎、糊、绘、放，简称“风筝四艺”。
风筝在中国南北方称呼不同，人称“南鹞北鸢”。

战国龙形玉佩

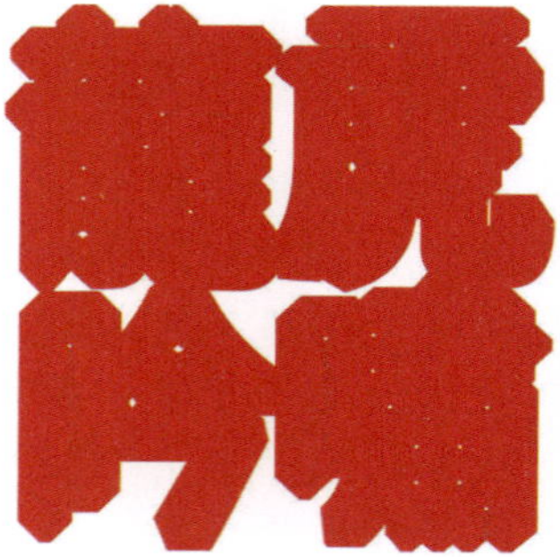

《虎啸龙吟》 / 字体 © 冯大鹏

《龙》 / 字体 © 徐 伟

东阳竹编

东阳竹编产自浙江东阳，
距今已有 1200 多年的历史。
东阳竹编在宋代以编织元宵节的龙灯、花灯、
走马灯而著名，至明清时期，
已有高超的技艺和独特的风格。
据清朝康熙年间的《东阳县志》记载：“笙竹质软可作细篾器，旧以充贡。”
其动物形象夸张，造型生动，富于变化。

清代大龙邮票

《掐丝珐琅海水龙纹样》© 纹藏提供

山西大同华严寺大殿鸱吻

秦淮灯彩

秦淮灯彩是南京地区具有代表性的民间艺术之一。早在东晋时期，即已出现了有关灯彩的文献记载。明清以后，南京一带的花灯艺术由宫廷走向民间。秦淮灯彩制作包括选材加工、骨架扎制、外侧糊裱、灯火配置等数道工序，造型样式繁多、色彩淡雅、惟妙惟肖，既突出形式又富有趣味，独具江南特色。

《山海经系列之一》/ 雕塑 © 869

凤翔泥塑

凤翔泥塑为陕西省凤翔县的一种民间工艺，国家级非物质文化遗产之一。当地人称凤翔泥塑为“泥货”，起源于周秦时期，盛行于唐代，在明代得到了进一步的发展。在明代以后的流传过程中，经过民间艺人的不断探索和创新，凤翔泥塑成为融周秦文化、汉唐文化、南方文化等诸多文化为一体的民间艺术形态。

凤翔泥塑的制作要经过毛稿、制模、彩绘、装色、上光等数十道工序，其造型优美、生动逼真、乡土气息浓郁。

《FuFu 龙》 / 潮玩 © 赵朝阳

《侠与龙》/插画©王栋梁

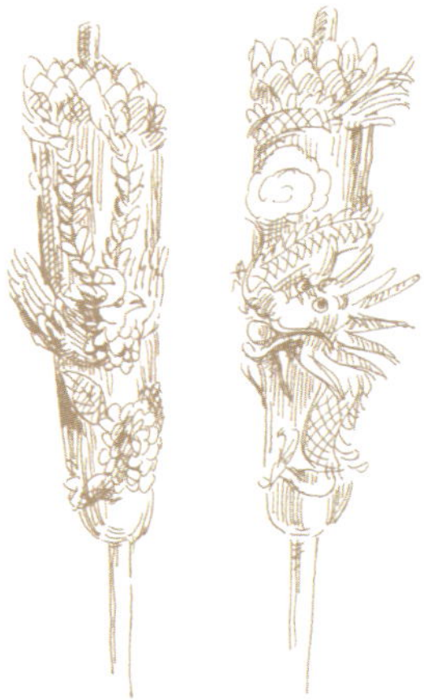

龙凤花烛

龙凤花烛是秀山民间特色手工技艺。在中国传统婚嫁习俗中，点花烛是必不可少的环节。在古代，只有点过龙凤花烛，才算真正的夫妻。

龙凤花烛由竹木做芯，外层缠绕灯草，再一层层浇上蜡油直至形成圆柱状的烛胚，然后用各式各样的模具做出点缀物，形成由龙、凤、花等图案组成的花烛，代表着龙凤呈祥的美好祝愿。

正宗的龙凤花烛在大喜之日要燃烧整整一天一夜。其价值千金，一生只能点一次，是无数新人的见证。

龙之食物

龍的传人○风物篇

《青龙》/ 雕塑 © 王大朋

《龙型饼模》© 于小菓点心模具博物馆提供

龙须面

龙须面是一种流行于北方广大地区发传统面食。
龙须面形似龙须，又细又长，由山东抻面演变而来，
至今已有三百多年的历史。
在中国农历二月初二龙抬头，有吃龙须面之俗。
人们认为吃了龙须面，将顺心如意、好运连连。

《火龙果与龙》/ 雕塑 © 张超级

火龙果

火龙果的祖籍在中美洲，
传入中国以后，国人觉得它表面的鳞片像是龙的外鳞，
而又呈现出火红火红的颜色，
所以就叫它为火龙果。
人们觉得吃火龙果能够吉祥、健康，
因此它又被称为“吉祥果”“长寿果”。

《沧海》 / 雕塑 © 包 磊

《望兔成龙》 / IP © 张 维

“龙井”既是茶名，又是茶树种名，
还是村名、井名和寺名，可谓“五龙合一”。
龙泉村中的龙井泉是西湖三大名泉之一，
龙井泉本名龙泓，又名龙湫，传说此泉与海相通，
因为海中有龙，故曰“龙井”。

龙井茶

《初宸乐水》/ 油画 © 张哲溢

龙抄手

龙抄手是起源于四川省成都市的一道传统的手工面食。
因为这道特色小吃的形状像龙的头部，
所以被当地人称为“龙抄手”。
充满肉香和虾仁味道的龙抄手通身浸入香辣十足的红油汤汁，
使得它成为一道令人垂涎欲滴的美食。

《獬豸》/ IP © 陶子

《小龙女》/ IP © 胡云峰

龙须糖

龙须糖，千丝万缕的糖线，
口感极其美妙，据说已流传民间两千年，
一直被百姓叫作“银丝糖”或“面线糖”。
直至清雍正年间，
此点心深得雍正皇帝的喜爱，还赏赐给妃嫔和臣子，
并赐名为“龙须糖”，其名一直沿用至今。

《龙至天下吐祥瑞》/ 水墨 © 翟俊峰

龙眼

龙眼也叫桂圆，起源于中国广东一带。
在古代唐朝，龙眼被认为是一种非常贵重的水果，
只有皇室和贵族才能品尝的到。
其名称“龙眼”也是在唐朝时期确定下来的。
当时，许多人发现这种果实的形状与龙睛非常相似，
因此将其称为“龙眼果”。

龍的传人○风物篇

龙之植物

《山海经系列之一》/ 雕塑 © 869

龙舌兰

古印第安人认为，龙舌兰是具有灵性的植物。
这与一个古老的神话有关。
“很久很久以前，山坡上的龙舌兰被天上的神用雷电击中，
一种神奇的美酒沿着山坡流下，这是神赐予中美洲的古老而又文明的礼物。”
龙舌兰糖分含量高并且多汁，自然而然成为印第安人制酒的首选。
龙舌兰一生只开一次花，花开即亡，向死而生。

《五龙图》/ 水墨 © 唐建辉

龙吐珠

龙吐珠，美丽的观赏植物。
它开花时，红色的花冠从白色的萼内探出，花形奇特，状如吐珠。
其名字的由来，与一位侨工有关。
他深谙花客喜爱吉祥的心理，建议花店老板改用“龙吐珠”的花名来招揽顾客，结果生意非常兴隆。龙吐珠还是一种药材，全草可入药。
能治疗产后腹痛，还能治疗蛇虫咬伤，效果显著。

《龙太子》/ IP © 陶 子

龙须树

龙须树，株型挺拔，四季常青，而且寿命非常长。
历史上记载最老的龙须树树龄达 8000 年以上，
有植物里的“万岁爷”之称，
所以龙须树有延年益寿的寓意。
砍开龙须树的树皮，会有暗红色的液体流出，
人们称这种液体为“龙血”。
干燥以后的“龙血”被称为“血竭”，
是一种名贵的中药材。

《飞龙在天》 / 首饰 © TTF 品牌

《吉吉龙》 / IP © XORBS 无限星球

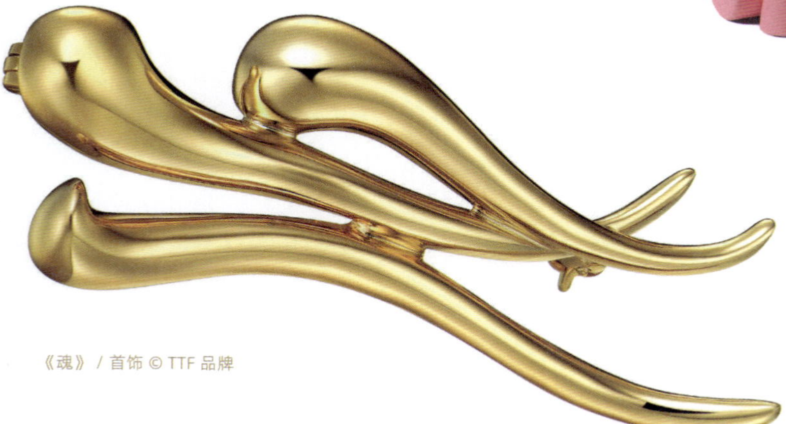

《魂》 / 首饰 © TTF 品牌

龙沙宝石

龙沙宝石属于蔷薇科植物，
它的名字来自法国著名爱情诗人龙萨，
命名时恰巧是法国“蔷薇诗人”龙萨去世400周年的纪念日。
龙沙宝石拥有淡雅的颜色和古典的花型，
被玫瑰协会世界联合会的最高奖项评选为：最受世人喜爱的玫瑰。
粉色龙沙宝石的花语：
初恋、特别的关怀、喜欢你那灿烂的微笑。

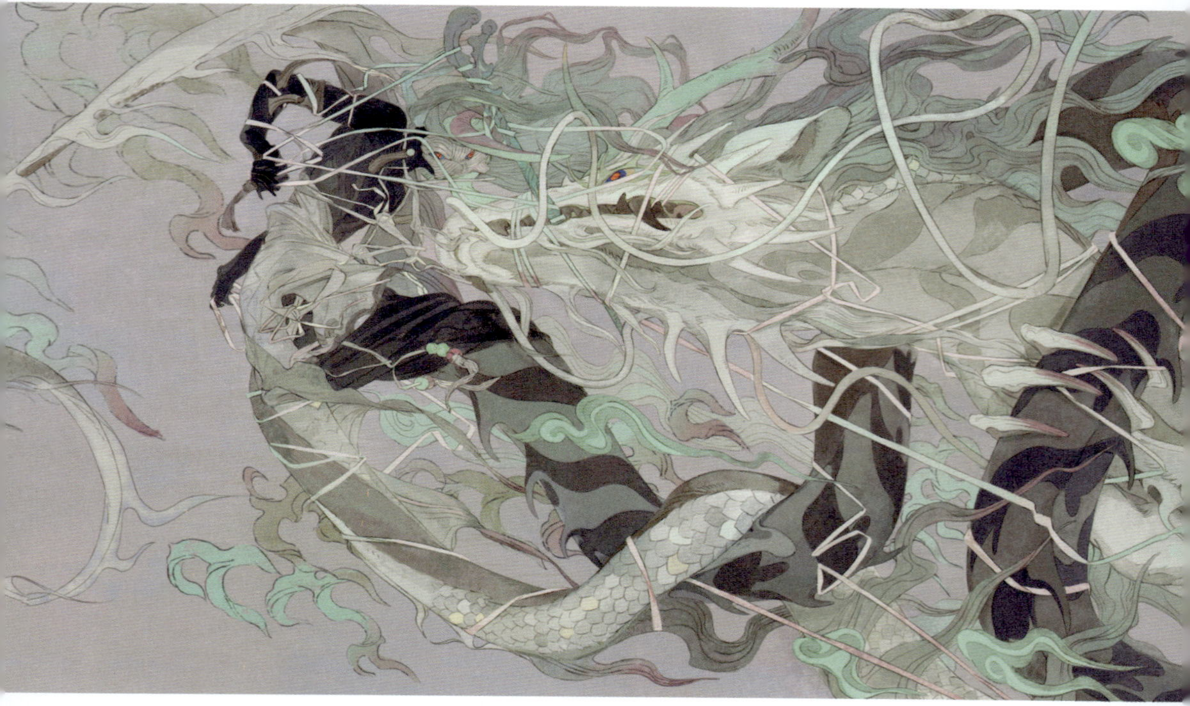

《源流》/插画©于乐洋

龙胆花

龙胆花，高原上的蓝色精灵，据说它的根像蛇胆一样苦。
相传龙胆花早先被称为蛇胆花，
后来皇帝赐予其“龙胆”二字。
龙胆是一味常用的中药材，能清热燥湿、
保肝利胆、抗菌消炎。
《本草纲目》对它的名字解释到：
“叶如龙葵，味苦如胆，因以为名”。

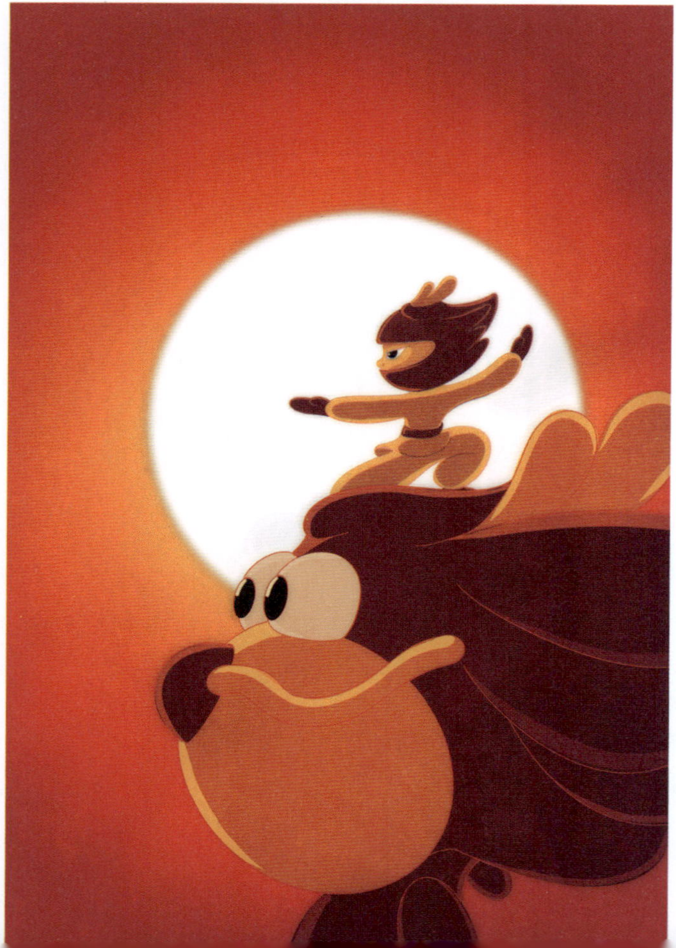

《元元和小鱼儿》/ P © 严永亮、杨占江

龙须海棠

龙须海棠原产于非洲南部，因其叶退化如龙须，
花若海棠般俏丽，故得此名。
龙须海棠喜欢温暖、干燥、阳光充足的生长环境，其生长迅速，
开花繁茂，色泽艳丽，耐旱不耐寒，
属于十分优良的观赏性植物。
龙须海棠的花语为“功勋”“怠惰”。

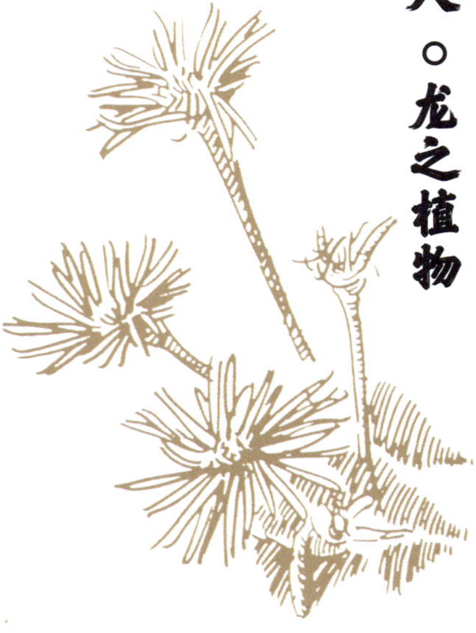

龙之地名

龍的传人○风物篇

《东方瑞龙》/ 图形 © 冯建革

黑龙江

黑龙江，流经蒙古国、中国、俄罗斯的一条大河。

关于其名字的来历说法有三：一是因水色发黑而得名；二是历史考证辽代初期，太祖多以黑龙二字命名而得名；三是来源于民间传说。

自古以来，汉、满、蒙古、鄂伦春、鄂温克、达斡尔、赫哲等民族在黑龙江流域繁衍生息。由于民族语言不同，这条大河被冠以各种各样的称呼，其中中国古代汉籍史乘称之为“黑水”。

《龙》/设计©龙刚

《龙龙崽》/ IP © 阎 岩

龙岩

龙岩位于福建西部，
地处闽、粤、赣三省交界地带，
是中国唯一以“龙”字命名的地级市。
龙岩之名取自境内翠屏山上的名胜古迹——龙岩洞。
据民间传说，这个龙岩洞与东海太子有着不可分割的关系。

《妙化天地》 / 插画 © 李俊涛

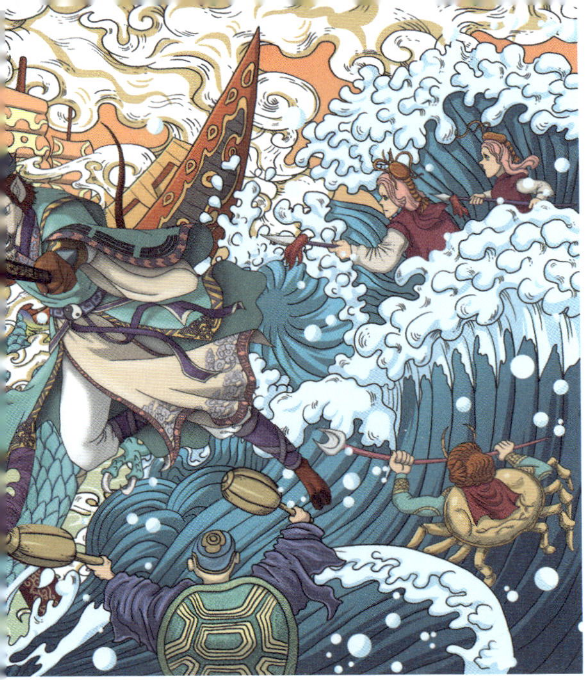

龙口

民间把两河或多条河流的交汇处称为龙口。
龙口市位于山东省东北部，与大连市、天津市隔海相望，
拥有丰富的海洋渔业资源。
龙口海域是海市蜃楼的多发地，百姓觉得此幻象与蜃龙有关，
是蜃龙频繁吞云吐雾造成的。

《龙跃华图》/ 图形 © 叶佑天、崔烨

龙南

龙南县，在江西省最南端，始建于南唐，是千年古县。
因其位于“百丈龙潭之南”，而得名“龙南”。
相传数万年前，龙南桃江河来了一条孽龙，
红鲤精战它不过，就请来东海小白龙为民除害，
可小白龙却因违反天条被关进百丈龙潭，并以龙头塔镇之。
龙头塔不倒，小白龙就不能回东海。
至今，龙头塔仍然矗立，标志着小白龙还在龙南。
龙南，一个有龙的地方。

《彩虹之舞》/ 雕塑 © 苏凌志

龙泉

龙泉市是浙江省丽水市代管县级市。
古时，龙泉一带被誉为“宝剑之乡”。
龙泉剑，又名龙渊剑，始于春秋战国时期，是中国古代十大名剑之一。
龙泉剑传说是由欧冶子和干将两大剑师联手所铸。
公元 759 年，唐朝始置龙泉县，
县治地黄鹤镇（今龙渊镇），距今已有 1200 年历史。

《一道微光》 / 布面丙烯 © 齐兴华

龙井

龙井市是吉林省延边朝鲜族自治州下辖的一个县级市，
是目前中国境内朝鲜族居住集中、原生态文化保存完整的地区。
相传早年此地缺水，后来天上掉下一条龙，
掉落之处出现一眼水井，井水甘甜，故而得名。

《龙图似锦》/ 插图 © 程蓉洁

龙山

龙山县，隶属于湘西土家族苗族自治州，
位于湘西北边陲，地处武陵山脉腹地，
连荆楚而挽巴蜀，历史上称之为“湘鄂川之孔道”。
龙山是“辰旗”之地，辰属龙，是吉祥的象征，
加之境内峰峦起伏，故名“龙山”。

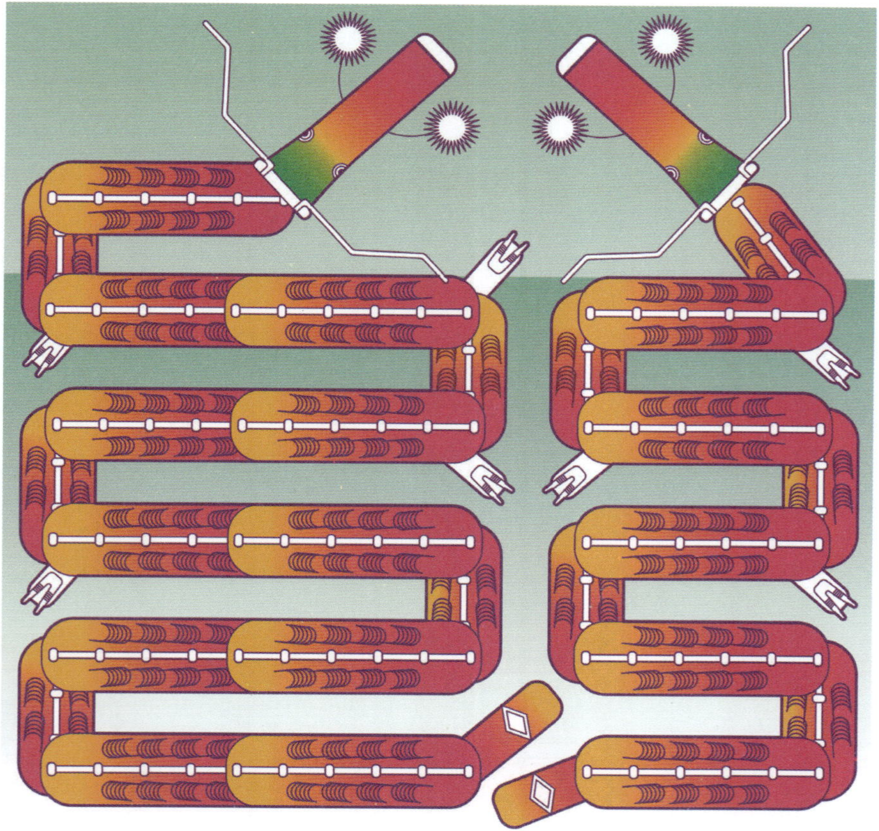

《竹节龙》 / 图形 © 张培源

玉龙雪山

玉龙雪山位于云南省丽江市玉龙纳西族自治县，其地理名称为玉龙山。明嘉靖年间，丽江土知府木公作诗：“云表玉龙长露角，雪边银凤乍飞翰”，这才有了“玉龙雪山”之名。另有一说（并未证实）：因玉龙雪山主峰锐似宝剑直插云天，“玉龙”为古时的一种宝剑，乃引为此山之名。

玉龙雪山全峰常年积雪，有如一条玉龙横卧山巅。玉龙雪山以“险、奇、美、秀”著称，是云南省最著名的旅游景点之一，也是中国最美的雪山之一。

《龙》 / 设计 © 赵振宇

龍的传人○龙之地名

【龙城】

安龙

安龙县位于贵州省西南部，
是贵州著名的历史文化名城，被誉为“龙城”。
“龙城”的由来与“真龙天子”和一座特殊的皇宫有关。
在南明永历朝廷播迁至此的一段历史中，安龙建立了陪都，
成为朱由榔皇帝的居所。
安龙四年间，永历帝留下了许多遗址遗迹，
其中包括永历行宫。

盛世

插图 © 赵鑫

《黑夜给了我黑色的眼睛》/布面丙烯 © 齐兴华

齊興華
二〇一八·三·卅一·
北京

辰龙时空之旅

献给所有龙的传人

蒋云涛 主编

中国社会科学出版社

ISBN 978-7-5227-2725-7

定价：98.00元

图书在版编目（CIP）数据

辰龙时空之旅：献给所有龙的传人 / 蒋云涛主编. —北京：中国社会科学出版社, 2023.12（2023.12 重印）

ISBN 978-7-5227-2725-7

Ⅰ. ①辰… Ⅱ. ①蒋… Ⅲ. ①十二生肖 - 龙 - 文化 - 中国
②艺术 - 设计 - 作品集 - 中国 - 现代 Ⅳ. ①K892.21②J121

中国国家版本馆CIP数据核字(2023)第211632号

出 版 人　赵剑英
责任编辑　白天舒
责任校对　师敏革
责任印制　王　超

出　　版　中国社会科学出版社
社　　址　北京鼓楼西大街甲158号
邮　　编　100720
网　　址　http://www.csspw.cn
发 行 部　010-84083685
门 市 部　010-84029450
经　　销　新华书店及其他书店

印刷装订　北京鑫益晖印刷有限公司
版　　次　2023年12月第1版
印　　次　2023年12月第2次印刷

开　　本　880 × 1230　1/32
印　　张　10.5
字　　数　66千字
定　　价　98.00元

辰龙时空之旅

献给所有龙的传人

蒋云涛 主编

中国社会科学出版社

十二生肖之辰龙

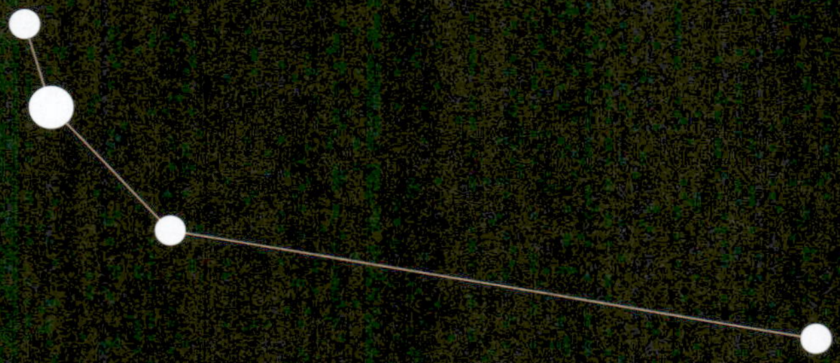

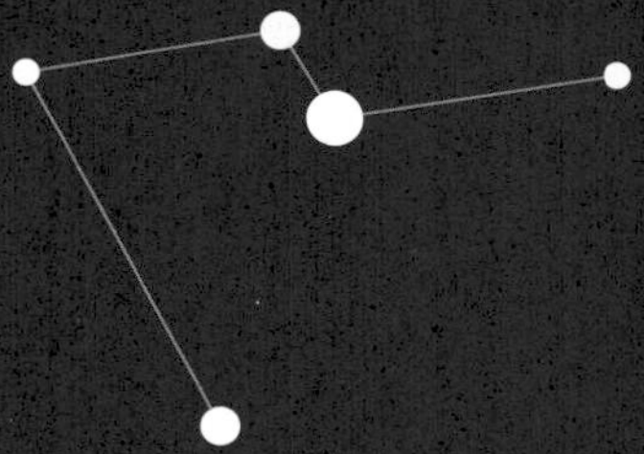

在苍茫的宇宙间
云游了数千载

纵横山川大地
浩瀚苍穹

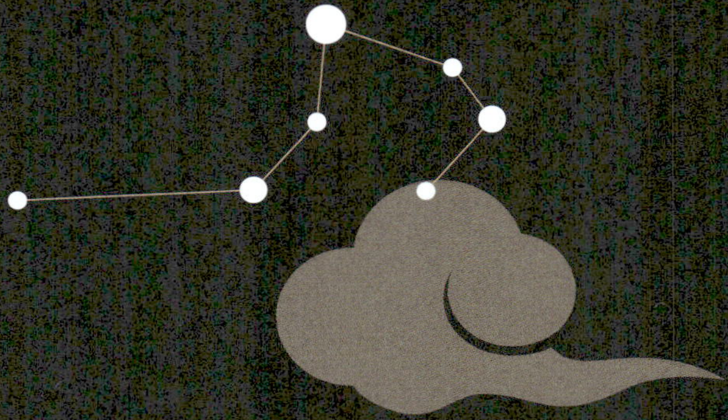

静观长河落日
大漠孤烟

鸟瞰三边曙色
寒光积雪

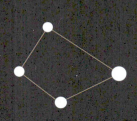

历经百年浩劫
千年绚烂

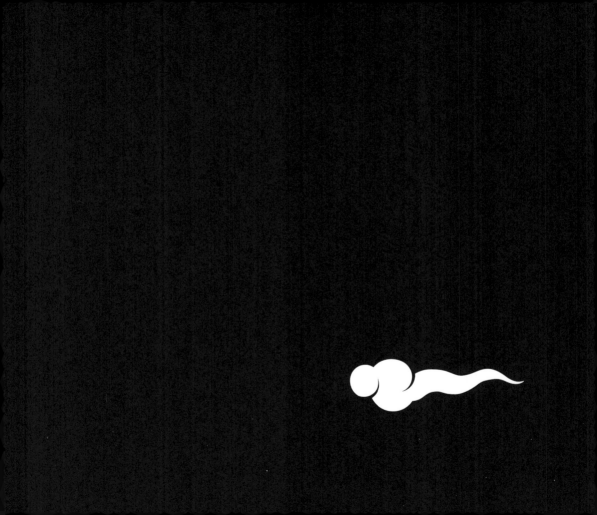

辰龍

時空之旅

上篇

龙的传说

神话篇

寓言篇

龙的传奇

博物篇

名著篇

龍

传说

神话篇

龙，这种至高无上的异兽，拥有鳄眼、鹿角、牛鼻、犬齿、鲇须、蛇身、鱼鳞、

狮鬃、鹰爪。
没人能否定它的存
在，也没人能肯定它
的不存在。
龙族传说玄幻、
辽远、跌宕、磅礴
一直流于坊间。

十二生肖之上古神龙

龍的传说○神话篇

涿鹿之战！中国历史上有文字记载的第一次战争。辰龙家族的始祖与涿鹿之战有着不解渊源。

穿越混沌无垠的历史时空，去到五千年前的古中国大地。彼时，蚩尤率领军队向西侵略，击败炎帝，掠夺了大量疆土，一时民不聊生。炎帝遂向黄帝求援，希望携手共抗蚩尤部落。于是，一场发生在上古时期的旷世之战，在涿鹿打响。

龙族始祖应龙，作为轩辕黄帝麾下的一员神将，能征善战、骁勇无敌，代表着勇气与胜利。应龙是上古龙神中

辰

唯一生有羽翼的龙。它不仅能在海底遨游，还能在天际飞翔。应龙尤擅兴云布雨，神怪法术天下无双。

涿鹿之战拉开帷幕，第一位出战的神将便是龙族始祖——应龙。它观察到蚩尤军队处于大河下游，于是计划引来江河湖海之水，“水淹七军”。谁承想水淹之计很快被识破。蚩尤将计就计招来风伯和雨师，顷刻间电闪雷鸣、风雨交加，滂沱之水直灌应龙军中。就在万分危急的时刻，旱神女魃从天而降。只见女魃施展法术，霎那间风歇雨止，碧空万里。

风伯雨师的阵法被破，炎黄部落士气大振。各路上古神兽汇聚“火力”，在黄帝的指挥下发起猛攻。蚩尤军队见状闻风丧胆，士兵纷纷落荒而逃。应龙再度抖擞精神，一举斩杀蚩尤。涿鹿之战，以炎黄部落大获全胜而告终。涿鹿之战意义深远，它是华夏民族的奠基之战，中华文明由此开篇。大战结束后，炎黄二帝犒赏三军。战功显赫的龙祖应龙被黄帝册封为上古十二天将之一。

上古十二天将分别是：
奚鼠（鼠）、夔牛（牛）、白虎（虎）、讹兽（兔）、应龙（龙）、螣蛇（蛇）、麒麟（马）、白泽（羊）、举父（猴）、凤凰（鸡）、獓狠（狗）、狸力（猪）。

后来，十二员天将成为黄帝的贴身侍卫。一天有十二时辰，每个时辰黄帝都会派一员天将守卫昆仑墟的天门。其中，在辰时（7：00-9：00）值守的便是龙祖应龙。

这就是十二生肖之辰龙的由来。

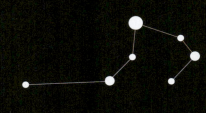

龍的传说○神话篇

应龙正传

在涿鹿之战中，应龙斩杀了九黎氏族的部落首领蚩尤，立下旷世奇功，留得千古威名。其实，应龙本不属于凡间，它是受天帝的委派，下界援助轩辕黄帝。

应龙是上古时期战绩显赫的龙神，亦是龙族的创世始祖。应龙本名庚辰，生于太古的混荒之中。应龙的“应”是个吉字，意为“应时、应德、有求必应”。应龙在世间常行仁德之事，是正义与祥瑞的化身。

应龙有着不凡的身世，它是毛犊和羽嘉的后代。毛犊，远古时代强大的异

插图 © 万鱼鱼 / 如风

兽，陆地动物之祖。相传天地间只有一只毛犊，它升如腾龙，可翱翔九天；伏如天凤，可驾驭天火。羽嘉是羽类鸟兽的远祖。羽嘉地位极高，位于上古神鸟榜首。应龙继承了毛犊的身型、羽嘉的翅膀：鳞身脊棘，生双翼，头大而长，吻尖，鼻、目、耳皆小，眼眶大，眉弓高，牙齿利，前额突起，颈细腹大，尾尖长，四肢强壮。战国的玉雕，汉代的石刻、帛画和漆器上，常出现应龙的形象。凤凰和麒麟是应龙的后代。

应龙的性别最具争议。作为黄帝身边

的上古战神，应龙尽显威武霸气、无坚不摧的雄风，但是许多古籍却给出了应龙是雌性的证据。《荆州占》云：“钩陈者，黄龙之位也，太一之所妃也。”《云笈七签》记载：“黄龙之神，天之后妃也。”《楚辞》记载，应龙是太一神的正妃。

下界的应龙居住在凶犁土丘的最南面。凶犁土丘是《山海经》中记载的一座山，位于大荒之地的东北角。“大荒”是荒茫遥远、荒及边际之意，大荒之地的东西南北分别指向四“极”，其中大荒之东西是日月出没之地。

涿鹿之战后，应龙不能重返天庭。天上没有了兴云作雨的神，导致下界连年旱灾。于是，每逢大旱，人们便模仿应龙的样子，以此求得雨水。久而久之，这一古老的求雨习俗就被延续了下来。

应龙的传说万万千，贯穿了上古神话史。在涿鹿之战中，应龙不仅斩杀了蚩尤，还一并击杀了巨人族部落的首领夸父。在大禹治水的后期，淮河水妖无支祁兴风作浪，应龙凭一己之力，生擒无支祁，并以龙尾划地成河，引洪水入海，助大禹完成了治水大业。

中华民族自古景慕英雄，而应龙正是谱写了流芳后世的英雄神话的龙祖。

烛龙传奇

龍的传说○神话篇

上古时期，与应龙比肩的另一条上古神龙是烛龙。

关于烛龙，《山海经》中有两段颇为神秘的记载。

西北海之外，赤水之北，有章尾山。有神，人面蛇身而赤，直目正乘，其瞑乃晦，其视乃明。不食不寝不息，风雨是谒。是烛九阴，是谓烛龙。

钟山之神，名曰烛阴，视为昼，瞑为夜，吹为冬，呼为夏。不饮，不食，不息，息为风，身长千里。在无膂之东。其为物。人面蛇身赤色，居钟山下。

把这两段文字综合起来解读：在西北

插图 © 万鱼鱼 / 如风

海外赤水以北的地方，有一座章尾山。山上有一位神明，它身长千里，体型巨大，长着人的脸孔、蛇的身体，且全身呈赤红色。它的眼睛竖立生长，眯成一条直缝。当它闭上眼时，天地间就变为黑夜，睁开眼时，天地就转换为白昼，吹一口冷气大自然就进入冬季，呼一口热气大自然就转换为夏天。它从不进食、不休眠，只吞咽风雨。它能照亮一切幽暗阴深之处，它正是华夏神话中的烛龙。

烛龙与应龙一样，本不属于凡间，它也是被天帝委派，才下界救难的。

传说在上古洪荒时期，水神共工与火神祝融因水火不相容而发生了惊天动地的大战，共工战败。

极度受挫的共工，一头撞向支撑天地的不周山。顷刻间天柱折断，整个世界偏离了原有轨道。天柱倒塌之后，天空出现了一个巨大的窟窿，北方的部分区域也失去了太阳的照耀，彻底陷入黑暗之中。从此，居住在那里的人们不仅被永恒的寒冷与黑暗笼罩，还饱受妖魔鬼怪的侵袭。那里从此得名“幽冥之国”。

女娲目睹如此奇祸，顿觉痛心无比，

为了终止这场灾难，她决计补天。女娲寻来五色石头架起火将它们熔化成浆，再一点点用五彩岩浆将残缺的天窟窿补好，随后又斩下一只大龟的脚当作柱子，把坍塌部分支了起来。

女娲补天之后，天帝下诏派遣一条巨龙，命其口衔天火火精，降临幽冥之国。随着烛龙的到来，天火的温度融化了冰雪，耀眼的光芒驱散了妖魔。这片土地在烛龙的照耀下重新焕发出生机。此后，烛龙的事迹幻化成飞舞的龙灯被世代传颂。直至今日，每逢年节人们都会舞动着象征光明的巨型龙灯，

祈求神龙护佑，祛祟辟邪、岁岁平安。

龍的传说○神话篇

神龙冰夷

在大禹治水的后期，淮河的水妖无支祁兴风作浪，应龙凭一己之力，生擒无支祁，并以龙尾划地成河，引导洪水入海，助大禹完成了治水大业。其实，协助大禹治水的除了应龙，还有另外一条鼎鼎有名的上古神龙——冰夷。上古时期，在万山之祖昆仑墟的冰雪之中诞生了一条冰龙，名曰“冰夷”。《山海经·海内北经》有这样的描述：“从极之渊，深三百仞，维冰夷恒都焉。冰夷人面，乘两龙。一曰忠极之渊。”意思是：从极渊有三百仞那么深，仅有一位名叫冰夷的水神经常住在那里。

插图 © 万鱼鱼 / 如风

冰夷长着人一样的脸，驾乘着两条龙。从极渊是个深渊的名字，也有人称其为“忠极渊”。那么三百仞究竟有多深呢？仞是古代的计量单位，一仞相当于七八尺的长度，一尺等于0.333米，我们换算一下便不难知晓。

传说冰夷是汲取混沌之力在冰雪中孕育而成的精灵，它受到盘古的部分灵力的滋养，拥有得天独厚的控冰、控水的法力。冰夷是最早下界的神灵，主宰大河的广阔流域，从昆仑山的冰川一直到渤海沿岸皆由它掌控。后世对冰夷的称谓众多，“冯夷”“无夷”

都是它的名字，中原百姓还会称它为“河伯”。

在《烛龙传奇》中，水神共工与火神祝融因水火不相容而发生了惊天动地的大战。水神共工在战败后，一头撞向支撑天地的不周山，顷刻间天柱折断。天塌地陷之后，整个世界开始倾斜，巨量的天水犹如猛兽一般从西往东飞流直下，肆虐凡间。

最初，凡间的帝尧命鲧去治水。鲧在大河两岸修筑堤坝，采用障水法治理，但水却越淹越高。鲧治水历时九年，未能平息洪水祸患。随后，鲧的儿子

大禹继任治水之事，与洪水博弈了十三载，最终大功告成。

成功治水的“密钥”来自河伯（冰夷）赠予大禹的三件通天法宝。第一件为开天斧，相传是开天大神盘古的遗物；第二件法宝为河图洛书，这是远古时代流传下来的两幅神秘图案，被誉为“宇宙魔方”；第三件是一枚可收可放的定海神针。

大禹手握开天神斧开九山、疏九河、定九州。河图洛书的奥秘也被大禹参透，治水过程中的许多难题迎刃而解。

定海神针为太上老君所造，可收可放、

可大可小，大禹用它来测定江河湖海的水位。治水成功后，大禹将它深深插入东海海底。若干年后，这枚定海神针成为孙悟空手中威力无穷的如意金箍棒。

天下黄河九曲十八弯，黎民百姓最怕水患。此后，祭祀河伯（冰夷）的习俗在民间便流传了下来。每年农历五月初五端午节，人们会举行龙舟大赛，祈求神龙保佑风调雨顺、渔获满仓。

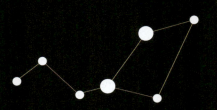

龍的传说○神话篇

金龙至尊

自古以来，龙就是中国人心中的神圣之物、华夏民族的精神图腾。龙图腾的形成时间可以上溯到上古伏羲时代，上古神话中记载的应龙、烛龙、冰夷各自法力无边、威力无穷，但它们并非尊贵皇权的象征。龙中皇者，让中国皇帝自诩为“真龙天子”的另有其龙，那就是五爪金龙。

自古以来神龙的形象众多，为何偏偏选中“五爪金龙”呢？

在上古神话中，五爪金龙诞生的时间较晚，也鲜有文字记载，这愈发为它蒙上了神秘的色彩。相传金龙爪生五

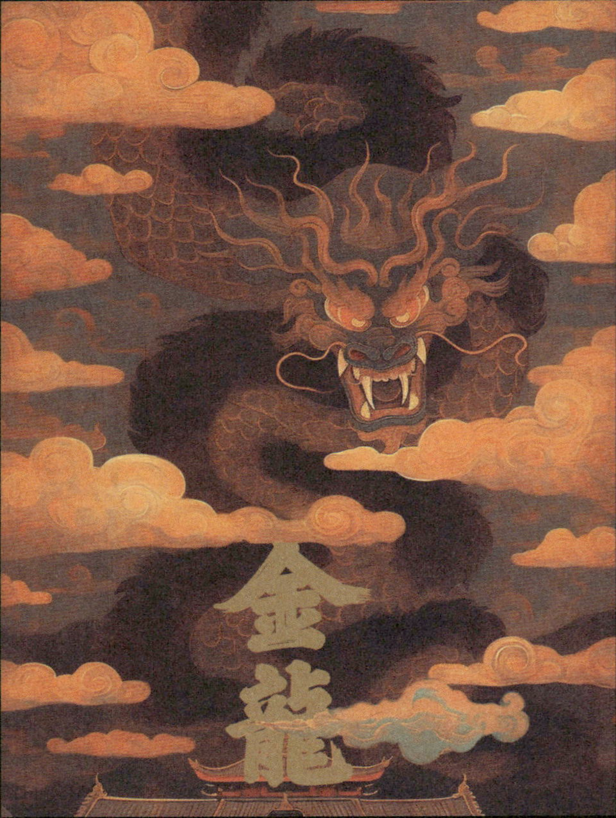

插图©万鱼鱼/如风

趾，目如红烛，拥有兔眼、鹿角、牛嘴、驼头、蜃腹、虎掌、鹰爪、蛇身，全身覆盖金色的鳞片，它的血液也是金色的，如果世人获得了金龙的血液，可以起死回生、长生不老。

传说，五爪金龙本为一条出身平凡、名不见经传的四爪白龙。一日，它游走于昆仑墟，不曾想在混沌处非常幸运地得到了天下圣果。混沌圣果属于混沌至宝，通体散发着金色圣光，圣果还蕴藏着神圣的能量，可提升体内的仙气。白龙吞吃圣果之后，奇迹发生了，它的白色外皮一点点蜕去，金

色鳞片滋生而出，不多时，一条超凡脱俗的五爪金龙诞生了。金龙不仅外表炫目，而且神威无穷，可移山倒海、驱邪除魔。

那么五爪金龙怎么又成为“真龙天子”的化身了呢？其由来得从汉高祖刘邦说起。刘邦本是布衣出身，从庶民到皇帝，前后历经了七八年时间。汉高祖刘邦是中国历史上第一位平民皇帝，没有纯正的皇族血统。

刘邦深知布衣难服天下，他希望获得黎民百姓的尊重与敬畏，于是便杜撰了一段自己的身世。《史记·高祖本纪》

中有这样的记载："父曰太公，母曰刘媪，其先刘媪尝息大泽之坡，梦与神遇，是时雷电晦冥，太公往视，则见蛟龙于其上，已而有身，遂产高祖。"这段话讲的是：刘邦的母亲刘氏有一天突然晕倒在河边，其父寻见时看到一条龙伏于刘媪身上，之后刘媪便有了身孕，不久后便产下刘邦。这就是"真龙天子"称谓的由来。

龙是中华民族的图腾，自黄帝授命于天便威泽四方，成为中华民族的象征。从汉朝起，皇帝自称"真龙天子"，为上天"真龙"的化身，也只有皇帝

的衣物用品等，能够绘制“五爪金龙”的形象。

重温五爪金龙吞食圣果的上古神话，五爪金龙也曾是普通平凡的四爪白龙，因为把握住一个偶然的机遇，从此脱胎换骨。或许这就是“神龙的形象众多，为何偏偏选用‘五爪金龙’”的答案所在！

龍的传说◎神话篇

东方青龙

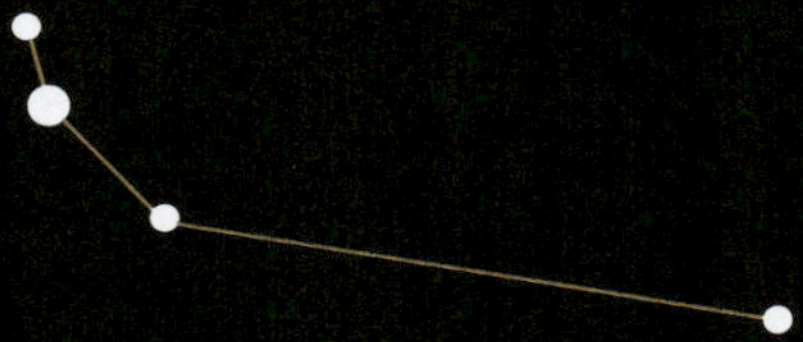

《山海经》描述的青龙是上古神话中的东方之神。在传说中，青龙身似长蛇、麒麟首、鲤鱼尾、面有长须、犄角似鹿、有五爪、相貌威武。以五行论，东方为青色，故青龙为东方之神，亦称“苍龙”。

上古五大神龙分别在五行中拥有各自对应的位置：应龙对应五行之“土”；烛龙对应五行之“火”；冰夷对应五行之“水”；五爪金龙对应五行之“金”；青龙则对应五行之“木”。中国古代哲学家用五行理论来证明世界的形成及其相互的关联性。

插图 © 万鱼鱼 / 如风

五行的初始含义：

木——植物，

火——热能，

土——土地，

金——金属，

水——液体。

它们的引申义：

“木”代表生长，

“火”代表能量，

“土”代表融合，

“金”代表敛聚，

“水”代表浸润。

宇宙万物都由“木火土金水”五种基本要素的运行和循环生克的变化所构成。

古人认为一年可细分为五季，同样可以对应“木火土金水”。春天属木，代表气体向四周扩散的运动方式，春天象征着勃勃生机；夏天属火，代表气体向上的运动方式，夏天象征着热烈与激情；长夏属土，是夏和秋之间的一段过渡期，天气湿热，庄稼走向成熟，所以长夏属土；秋天属金，代表气体向内收缩的运动方式，秋天象征着成熟与收获；冬天属水，代表气

体向下的运动方式，冬天万物休眠，为春天蓄积养料。

五行也可以运用到地理方位之中。五行学说里，南方属火，东方属木，北方属水，西方属金，中央属土。

五行之间相生亦相克。相生是指两类属性不同的事物之间存在相互帮助、相互促进的关系：木生火，火生土，土生金，金生水，水生木。相克则反之，是指两类不同五行属性事物之间的关系是相互克制的：木克土，土克水，水克火、火克金、金克木。

五行学说是中国古代的一种朴素的唯

物主义哲学思想，属于元素论的宇宙观，是一种朴素的普通系统论。自然界的千变万化皆可归纳进五行系统。因此，上古五大神龙自然就对应其中。

寓言篇

在中国漫长的历史中，出现了很多与龙有关的寓言故事。

这些寓言借助龙的角色设置，用隐喻的手法传达了道德与智慧的信息，寄托了深刻的含义。

龍的传说○寓言篇

叶公好龙

在春秋时期，楚国有一位贵族，人称叶公。

叶公对龙族十分感兴趣，不惜花费重金请来八方能工巧匠，在家中的房梁、门窗、柱子、墙壁上雕刻了各式各样的龙的造型，甚至连衣服上面也绣满龙的纹样。

叶公不仅整日生活在精心打造的龙的世界里，还经常滔滔不绝地与人谈论龙的话题。他对龙的喜好，整个楚国的人都知道。

这件事慢慢传到了天上的真龙耳中。真龙很是兴奋，思忖着竟然有人对龙

插图©赵鑫

如此痴迷，一定要去会会他。于是，真龙打算择一良辰吉日前去探访叶公。

探访那日，真龙特意邀约风伯雨师、雷公电母开道。天地霎那间乌云密布、狂风大

作、雷电交加。在瓢泼大雨中，真龙游动着庞大的身躯，喷云吐雾，从天而降。

但是，当叶公见到真龙驾到，并没有心生欢喜、以礼相待，反而失声大叫、惊惶异常，一头钻入桌下，浑身抖若筛糠！

原来这位叶公并非真正好龙，他不过是附庸风雅、夸夸其谈而已。

· 09 ·

鲤跃龙门

龍的传说○寓言篇

在古洛阳的四野之上，青山东西对峙，伊水缓缓北归。龙门远望如一道天然屏障，雄浑壮观，亦称“伊阙”。伊河是中国为数不多的由南向北流淌的河流，因龙门山的阻隔，水流无法北行。故在山南积聚，形成一面大湖，风景这边独好。

黄河众鲤鱼听说龙门山南风光无限，纷纷跃跃欲试，相约前去观赏。它们从河南孟津出发，经洛河游至龙门附近的水溅口。但是前面再无水路可行，众鲤鱼只能聚集在龙门的北山脚下徘徊。

插图©赵鑫

但见一条大红鲤鱼开口道：“咱们只要跳过这道龙门，就能看到无限风景。”伙伴们七嘴八舌拿不定主意：“龙门那么高，怎么跳得过去？”“跳不好会摔死的！”

大红鲤鱼自告奋勇高声道：“总要试试才行，让我先来！”只见它游至半里开外，使出全身力气向龙门冲刺。顷刻间，大红鲤鱼如离弦之箭纵身跃起，一下子飞入半天云里。忽然，一团天火从它身后猛蹿而来，烧掉了它的尾巴。大红鲤鱼并未退缩，它忍受着巨痛继续凌空飞跃，最终落到山南

的湖水之中。奇迹发生了，跃过龙门的大红鲤鱼，瞬间幻化成一条威龙，腾空九霄。

山北的鲤鱼们目睹了这一切，个个艳羡不已，开始模仿大红鲤鱼的样子飞跃龙门。可是绝大多数鲤鱼从空中狠狠摔落，因失败而放弃。直到今日，人们还能在黄河鲤鱼的额头上看到跃龙门时留下的伤疤痕迹。

为此，唐朝大诗人李白专门题诗一首：

“黄河三尺鲤，本在孟津居。点额不成龙，归来伴凡鱼。”

画龙点睛

龍的传说○寓言篇

南北朝时期，梁朝有一位大画家名叫张僧繇。他的画技高超，所绘之物无不栩栩如生。梁朝武帝笃信佛教，修建了很多寺庙，经常请他为寺院作画。这一年，张僧繇奉梁武帝之命，前去金陵安乐寺绘制金龙。仅三天时间，张僧繇就在寺中的照壁上画出了四条惟妙惟肖、栩栩如生的金龙。围观的香客赞叹不已。

可是，有人似乎觉得哪里不大对劲，凑近仔细观察，却发现这些龙全都没有眼睛。于是上前询问缘由，张僧

插图©赵鑫

繇笑道："为龙画上眼睛不难，可一旦画了眼睛，这龙就飞走了。"众人听闻，纷纷交头接耳，或不以为然，或半信半疑。

看到围观者的反应，张僧繇决定提笔为其中两条龙画上眼睛。落笔之间，天空忽然乌云密布、电闪雷鸣、大雨倾盆。只见画中的两条龙凌空飞起，扶摇直上消失在天际。待雨过天晴之时，大家再次望向照壁，果然只剩下两条尚未点睛之龙。围观者被惊得目瞪口呆。

龍的传说 ○ 寓言篇

龙生九子

传说龙生有九个儿子。龙之九子分别有各自的性情，但是它们究竟为何物，如何排序，并没有确切的记载。

明朝时，一日明孝宗朱祐樘心血来潮，问博学多才的内阁大臣李东阳："朕闻龙生九子，这九子各是何等名目？"李东阳一时竟答不上来。

但皇上的问题岂敢置之不理，不多日李东阳就七拼八凑出一张名单。按照这份名单，龙的九子分别是：趴蝮、嘲风、睚眦、赑屃、椒图、螭吻、蒲牢、狻猊、囚牛。不过在民间传说中，龙子远不止这些，狴犴、貔貅、饕餮，

等等都是龙的儿子。

其实所谓龙生九子，并非龙恰好生有九个儿子。在中国的传统文化中，往往用“九”表示“极多”。“九”拥有至高无上的地位，是虚数又是贵数。

经常被提及的龙的九子分别是：

长子囚牛，喜音乐，立于琴头。在一些贵重的胡琴头部，

至今仍刻有囚牛的形象，被称为"龙头胡琴"。次子睚眦，貌似长着龙角的豺狼，怒目圆睁、嗜杀喜斗，所以睚眦会被镂刻在刀环、剑柄等兵器或仪仗上，起威慑之用。三子嘲风，样子像狗，平生好险。立于殿角、屋脊的嘲风，拥有威

插图©赵鑫

慑妖魔、清除灾祸的力量。

四子蒲牢，形状像龙但比龙小，喜音乐和鸣叫，常被刻于钟钮之上。据说蒲牢生活在海边，平生最怕鲸鱼。每每遇到鲸鱼，蒲牢就会大叫不止。于是人们将它置于钟上，并把撞钟的长木雕成鲸鱼形状，为求钟声洪亮。

五子狻猊，又称金猊、灵猊。狻猊本是狮子的别名，所以其状像狮，喜烟好坐，

常倚立于香炉足上。另外，石狮或铜狮颈上的项圈中间的龙形饰物，也来源于狻猊的形象。

六子赑屃，又名霸下，样子似龟，喜欢负重，碑下龟是也。相传上古时它经常背起三山五岳兴风作浪，后被夏禹收服。禹治水成功后，就把功绩刻于石碑，让它背起。所以中国的石碑下面，

多能看到赑屃的身影。

七子狴犴，又名宪章，样子像虎，有威力、好狱讼，人们便将其刻铸在监狱大门之上，因此民间有了虎头牢的说法。

又因狴犴经常主持正义，能明辨是非，它也被置于衙门大堂的两侧，用来彰显公堂的肃杀之气。

八子负屃，身似龙，平生好文，常盘

绕于石碑顶部或两侧。
九子螭吻，又名鸱尾，鱼形之龙，喜四处眺望，遂位于殿脊两端。相传螭吻是雨神的座下之物，能够灭火，所以把它安置在屋脊，也有消灾灭火的寓意。
再补充几个经常被提及的：
饕餮，样子似狼，性贪吃，青铜器上能看到它的形象。在民间传说中，饕餮不仅能把所有的东西吃光，最后还要吃掉自己的身体，所以它落下个"有首无身"的名声。

趴蝮，又名蚣蝮，似鱼非鱼，善水性，体态优美，常置于石桥栏杆顶端。

椒图，形似螺蚌，性情温顺，但好闭口，尤其反感别人进其巢穴，故人们常将其形象刻画在门板上。

貔貅，在南方及东南亚一带都称其为龙的第九子，古代瑞兽，有独角、双角之形，短翼、卷尾、鬃须。貔貅被视为财神兽，具有招财进宝的寓意。

龍

传奇

博物篇

龙是否真实存在过呢？它到底是一种生物还是

只是图腾象征？考古学家不断挖掘出各种“龙”形宝物，让人类觉得龙族越发传奇。

龍的传奇○博物篇

红山玉猪龙

中华第一龙

在中国国家博物馆中，珍藏着一件稀世宝物——红山玉猪龙。它不仅是龙族从远古走来的重要标识，也代表着中国人找到了龙文化的源头。

仔细看这枚玉猪龙，为深沉的墨绿色，体卷曲呈勾曲形，平面形状如“C”字，龙体横截面为椭圆形。龙眼凸起呈棱形，前面圆而起棱，眼尾细长上翘。鼻端前突，上翘起棱，端面截平，以对称并排的两个圆洞作为鼻孔，口闭吻长前伸，略上噘嘴紧闭。玉龙颈上有长毛，尾部尖收而上卷，形体酷似甲骨文中的“龙”字，颈背部有一扁薄长鬣，弯曲上卷，长21厘米，占龙

体三分之一以上，并磨出不显著的浅凹槽，边缘打磨锐利。

龙身大部光素无纹，只在额及颚底刻以细密的方格网状纹，网格突起作规整的小菱形。玉龙以一整块玉料圆雕而成，细部还运用了浮雕、浅浮雕等手法，通体琢磨，较为光洁，玉龙的重心位置有一孔，用绳吊起首尾水平，这都表明了当时琢玉工艺的发展水平。

红山玉龙造型独特，工艺精湛，圆润流利，生气勃勃。玉猪龙身上负载的神秘意味，更为它平添一层美感。

距今五六千年前的人类，怎么雕琢出这么生动精美的红山玉猪龙呢？让我

们穿越到新石器时代的内蒙古翁牛特旗赛沁塔拉，一探究竟。

内蒙古翁牛特旗赛沁塔拉是红山玉猪龙的故乡。红山的意思是“红色的山峰”；传说赤峰的红山原名叫“九女山”。红山文化以辽河流域中支流西拉沐沦河、老哈河、大凌河为中心。分布面积达20万平方千米，距今五六千年，延续时间达两千年之久。生活在西拉木伦河两岸的红山文化部落，过着比较稳定的农耕生活。红山文化的社会形态初期处于母系氏族社会的鼎盛时期，主要社会结构是以女

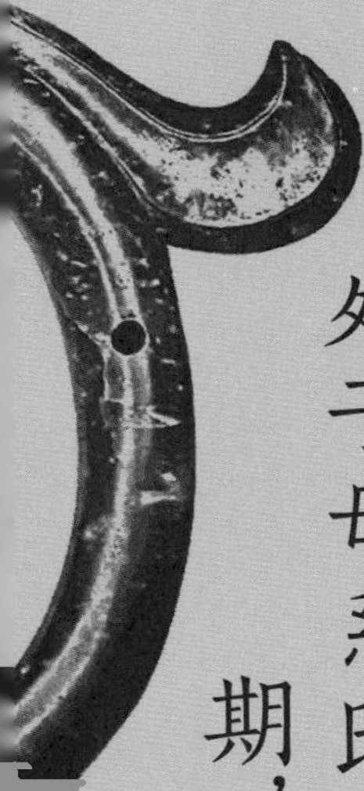

性血缘群体为纽带的部落集团。他们主要从事农业，还饲养猪、牛、羊等家畜，兼事渔猎。

红山文化留存下来的玉器有十几个品种，造型多为现实生活中的动物或作为神灵的动物。其形象古朴浑厚，注重造型的神奇而不讲究图纹的华丽，具有北方民族文化质朴豪放的风格。古老的红山玉猪龙，蕴藏着中华文明起源的密码。

龍的传奇○博物篇

蚌壳龙

先人的拼图玄机

拼图游戏并不是现代人的发明专利，在中国国家博物馆就收藏着六七千年前先人用蚌壳拼成的龙。蚌壳龙图案身长1.78米，高0.67米，昂首、弓身、长尾，前爪扒、后爪蹬，做腾飞状。很多遗址中都发现有类似龙形的遗存，或为蚌塑，或为彩绘，或为雕塑。让我们穿越到新石器时代的

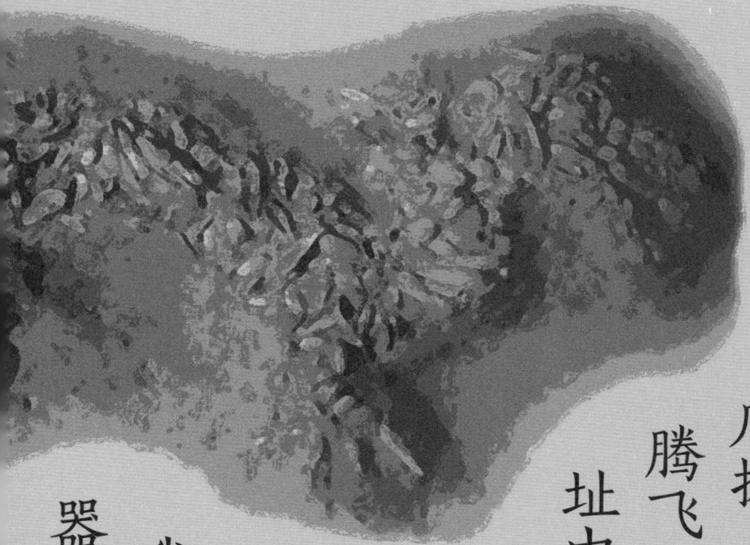

濮阳，看看那个时期原始人类的生产生活。

相传濮阳是帝颛顼之墟，又是夏王朝古国——昆吾国的所在地，也是商族的发祥地之一。

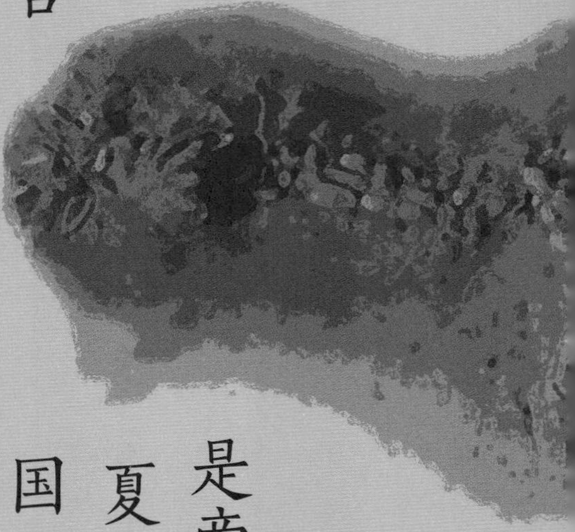

昆吾国位于豫北平原之东部，西面有太行山，东面有黄河，隔黄河与鲁西南丘陵山地相连，北面与冀南的华北大平原相接，南面与豫中的平原相连，地理位置优越，自然环境良好。

从古代起，人类的祖先就选择在这块

美好的土地上生产和生活。因此，濮阳有着悠久的历史和辉煌的古代文化。昆吾人善于制陶、琢玉、冶金和占卜，他们发明了陶瓦，以之代替茅草房。“奚仲作车、仓颉作书、后稷作稼、皋陶作刑、昆吾作陶、夏鲧作城”（《吕氏春秋·君守篇》），被称为中国古代六大领域创始人。

这条蚌壳龙已经在古墓里躺了6500年，墓主人居于正中，龙对侧还有一只蚌壳虎。这种东方苍龙星、西方白虎星与北斗的组合，正对应了春分和秋分的二分天象，颇为讲究。所谓二

分二至，就是春分、秋分和夏至、冬至，是农历二十四节气中表示夏半年和冬半年的四个节气。先人们在生产生活实践中通过长期的观察，积累了丰富的望天经验。

远古时期的人类看风云变幻，观斗转星移，通过气象变化预测天气、制定历法，根据二十四节气安排生产、生活，经验丰富，智慧无穷。古人追求天人合一，相信天人感应。了解了这些，自然也就看懂了拼图的玄机。

龍的传奇○博物篇

秦青銅龙
神物归位乎

秦青铜龙是陕西历史博物馆十大镇馆之宝之一，被发现时它已碎为八块青铜残段，经过各方的百般努力，才成功复原成两条盘曲缠绕的青铜龙。但是呈现在人们面前的这两条青铜龙，体量仅为原本器物的四分之一，那另外的四分之三神物，能否归位乎？

青铜龙是战国时期秦的遗物，龙体中空，形体巨大。青铜龙重量为92.5千斤，长240厘米，宽100厘米。秦青铜龙极

有可能是国家实力处于巅峰时期的典型作品。“秦王扫六合，虎视何雄哉！挥剑决浮云，诸侯尽西来。”公元前221年，秦统一天下，结束了自春秋战国以来五百多年的分裂割据局面，成为中国历史上第一个统一的中央集权制国家。天下初定之时，秦始皇建立了一套相当完整的中央集权制度和政权机构。

让我们穿越数千年的历史尘埃，去见证青铜龙的诞生。青铜龙的“身世”

或许与一个历史事件有关。秦始皇统一六国后，为了防止叛乱再生，巩固自己的统治地位，开始收缴和销毁散落在民间的各种兵器，然后将它们熔化成青铜液铸造铜钟。看青铜龙伏地盘绕的形态、体量及柱础状的尾部，可以推断它应该就是史书上所记载的“销以为钟鐻”的乐器架座。

谁又能想到，秦王朝从鼎盛转向衰败仅用了短短十数载。今天，我们只能想象，青铜龙的长尾托举着华美的乐器，大秦的盛音在先祖的耳畔飘渺升起。

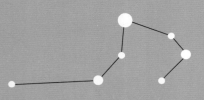

龍的传奇○博物篇

龙形觥

姜子牙之法器

龙形觥，山西博物院的镇馆之宝。这种青铜器在考古上还是首次发现，因为具有很高的历史价值而被列为永久禁止出境展览的文物。让我们穿越历史，探究一下龙形觥的奥秘。

觥是古代的一种盛酒器。“觥筹交错”这个成语大家一定不会陌生，指酒杯和酒筹交互错杂，形容许多人聚在一起饮酒的热闹情景。

此龙形觥状如泊舟，圈足精致，通体长约一尺，背面和两侧的纹饰遍布夔龙纹和鳄鱼纹，若把两侧的贯耳绳子穿好悬于半空，能看

到它前嘴微翘，面露凶相，神态古怪，活似一条神龙。

关于这件宝物的故事在坊间流传数千载，最广为人知的当数姜子牙亲手打造龙形觥，并最终将它陪葬自己岳父的传说。

商朝末期，商纣王昏庸无道，周围群雄并起，此时在陕西一带的周国逐渐强大起来。因为周文王的仁政是民心所向，加之姜子牙运筹帷幄、献计献策，文王出兵商军屡挫。四方诸侯开始纷纷依附于周国。

这天，周文王赶往太师府与姜子牙商议再次出兵讨伐商纣之事。姜子牙摆酒设宴，为文王接驾。推杯换盏之际，周文王的目光被席间一件青铜酒器吸引。这件龙形觥龙口微张，斟酒、置酒时令人不寒而栗。夔龙的纹饰是王者使用的规制，难道姜子牙意图自立为王吗？

又过了些时日，周文王从太师府一名工匠口中得知，这件青铜觥是几个月前姜子牙秘密打造的。太师铸造了这件奇异的酒器之后，毁掉了铸造模具，使之成为孤品，还择日为此物开坛作法。姜子牙如此兴师动众，究竟为哪般？

终于，姜子牙带着青铜龙形觥面见周文

王，并道出这件奇异的酒器的奥秘。原来，姜子牙的岳父是一位隐士，钻研巫术多年。他看到商纣王荒淫暴政，商朝的气运难以为继，便暗中指点姜子牙制作了一件酒器，登坛作法，以加速其灭亡。此消息不胫而走，得知内情的纣王气急败坏，对姜子牙的岳父施以酷刑。在姜子牙岳父去世以后，这件龙形觥成了他的陪葬品。

三千年后，举世无双的青铜龙形觥又现天日，重新勾起了这段悠远传说。不过，龙形觥是否真是姜子牙之法器，为其老丈人所有，还有待考古专家进一步考证。

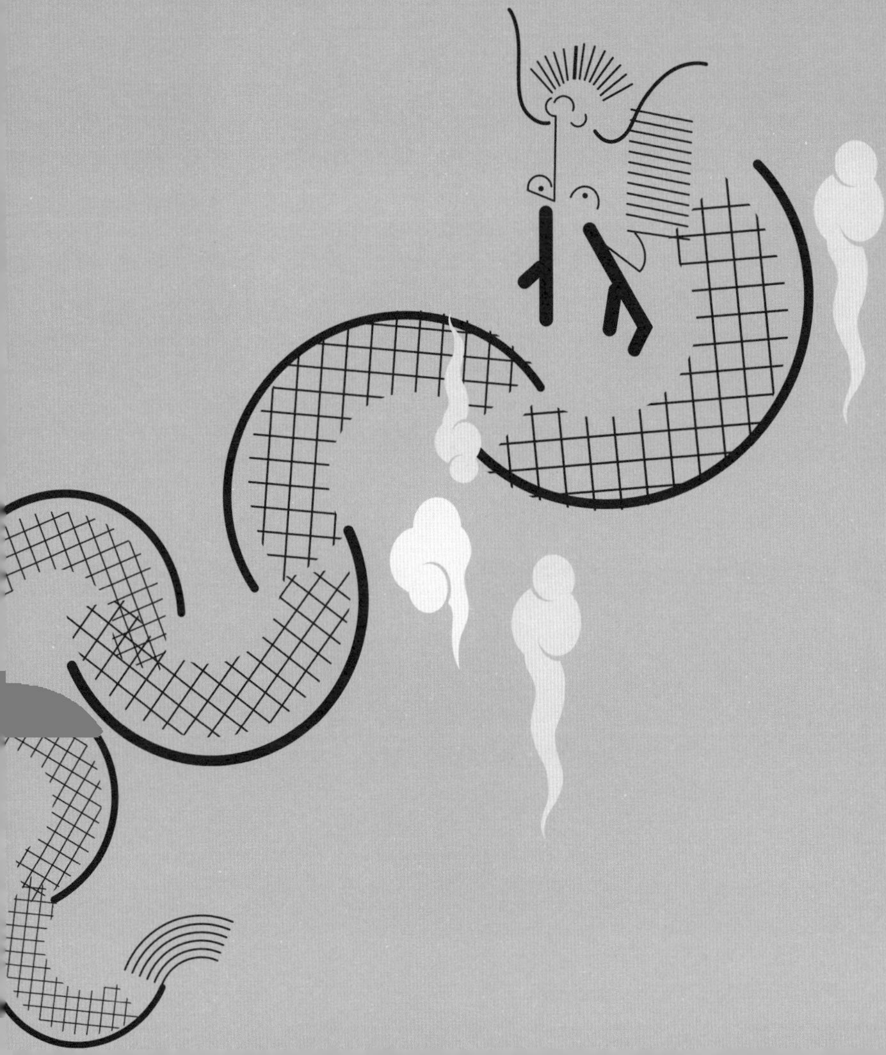

龍的传奇○博物篇

朱绘蟠龙纹陶盘

天地使者

朱绘蟠龙纹陶盘在陶寺的大墓之中沉睡了四千多年，是迄今为止中原地区龙族的最早"标本"。

蟠龙纹陶盘为泥制褐陶，或黑陶衣，盘壁斜收成平底，内壁磨光，以彩或红、白彩绘出蟠龙图案。陶盘内的蟠龙，蟠龙尾抵于颌下，周身遍饰红麟甲，如跃动的火焰，利齿微露口衔羽毛，耳朵竖起似在侦听，眼睛圆睁机敏警觉。这条龙有什么特殊的寓意呢？

蟠龙纹是以沟通天地的使者身份出现的。陶寺社会当时的原始农业虽然已经相当发达，但是人口的增多也让人们对于农业收成格外重视。在祭祀的时候，盛放祭祀品的陶盘，绘制着充满张力的蟠龙，似乎随时都会冲破盘框的束缚，直飞天宇。在陶寺先民看来，龙具有神性，是沟通天地的使者，可以将人类的愿望上传于天神——祈求风调雨顺、粮食丰收。（关于陶寺彩绘龙盘更多的详细解读，可参考中国社会科学出版社出版的《十件文物里的中国故事》第一篇“蟠龙根脉——中华精神‘图腾’的面世”。）

龍的传奇○博物篇

绿松石龙形器

重返夏都

2004年，一件来自二里头夏都遗址、约3600年前的绿松石龙一经发布便引起了轰动。这条"龙"以二千余片绿松石小片构成，用工之巨、制作之精、体量之大，在中国早期龙形象文物中十分罕见。龙整体长64.5厘米，巨头蜷尾、鼻尖朝上，龙身起伏有致，仿佛正在蓄力向天腾跃，形象鲜活生动。龙身中段的一只桶状物为铜铃，内有白玉铃舌。这条绿松石龙最特别之处，是它整个由2000余片形状各异

的绿松石细片拼合而成。这些石片非常小，每片大小在0.2—0.9厘米，厚度仅有0.1厘米左右。

这件高贵、神秘、珍稀的绿松石龙形器是做什么用的？至今未有定论：有可能是镶嵌绿松石片的木质龙牌，用于宗教和礼仪；也有可能是绿松石龙被粘贴或缝制在纺织物上，披挂在亡人身上的，但无论是何种方式，都显示出这位墓主人非同一般的身份与地位。

绿松石龙形器是一把打开夏都文化之门的钥匙。这件绿松石龙的制作时间较早，二里头文化晚期的绿松石铜牌则应是绿松石龙特别是其头部的简化或抽象表现。

夏朝的绿松石龙形器的头向、腰铃及尾端下方的绿松石条形饰，都有特殊寓意。“头向西北”寓意飞向天宫。该绿松石龙形图案呈“头向西北，尾向东南”腾跃升天状，标志中国古代“乘龙升天”的观念。铜铃可以传达神灵的告示。这说明巫师在祭祀或作法时，可暗中摇动绿松石龙形器，使铜铃发

出声响以传达祖先神灵“再三告示”的旨意，这就是夏绿松石龙形器腰间系以铜铃的原因。夏绿松石龙形器尾端下方的绿松石条形饰，则是田地的象征。

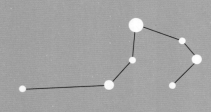

龍的传奇○博物篇

龙纽石器

殷墟妇好墓中的“神纹”

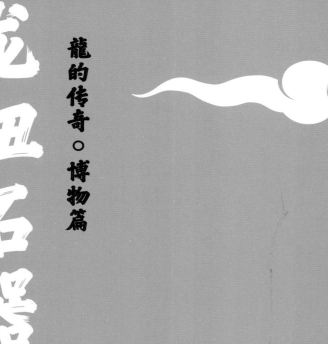

妇好墓发现的神秘龙纽石器，白玉、椭圆形、龙形纽、长嘴、圆眼、圆形角，前腿站立，蹲坐于纽面上，龙尾用线刻表示绕纽边一周。龙背上部刻有回形纹饰。尾部有一穿。凹面底，阴刻线以十字分为四等分。

开始有专家认为，这件神秘龙纽石器是某个器物的盖子，但后来经过深入研究，觉得此说法存在诸多疑问：首先，妇好墓并没有被

盗，如果龙纽石器是盖器，那就一定可以找到被它盖的罐子，但实际上专家们并没有发现墓葬中有什么东西能被它盖上。其次，古人不会单用一个盖子随葬，说明龙纽石器是独立的器物，而不是附属品。最后，龙纽石器的底部没有口沿，也就很难说是个盖子。

龙纽石器的底部有阴刻的纹路，并且明显可辨是一个圈，圆圈被四等分，每一个等分中都有纹路，此器很可能

是西周早期墓葬随葬的玺印。

妇好，商王武丁之妻，中国历史上第一位女将军，巾帼不让须眉的奇女子。妇好能征善战，是武丁64位妻子（法定配偶只有3位）中战功最为卓著的一位。妇好墓出土的铜钺，在钺上还饰有双虎扑噬人头纹，有"妇好"铭文。不过，迄今为止，专家们还是无法判断龙纽石器底部的纹路是某种文字，还是象征性的图案。我们姑且把它称为"神纹"吧。

龍的传奇 ○ 博物篇

青銅爬龙柱形器

三星堆探秘

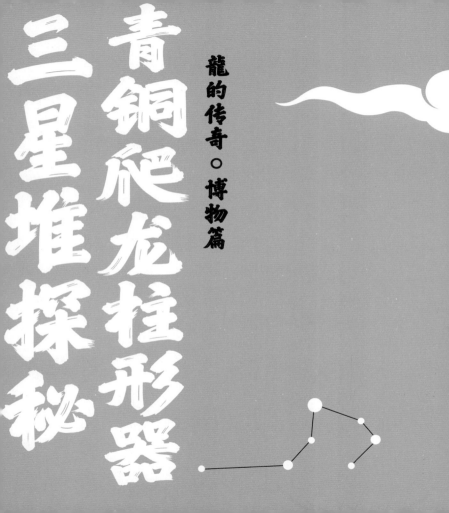

在三星堆博物馆中，矗立着一件青铜器，它全高40.5厘米，通体为圆柱形，顶端封闭而底部开敞，一条圆雕的龙从柱侧面爬向柱顶，两只前爪按在柱首的平顶上，探首向前眺望，龙口大张，露出锋利的牙齿，颔下有胡须。龙头额上有一对向后弯曲的额饰，还有一对弯转向前的犄角。龙身垂于柱形器后，身躯细长，中脊折线分明，龙前肢上臂肘部有向后弯曲上翘的翼形突起，后肢两足紧紧抓住器壁两侧。龙的尾巴短小，尾端上卷，看起来十分灵动，仿佛一条鲜活的飞龙附于柱

器之上。它就是三星堆出土的青铜文物的代表——青铜爬龙柱形器。这件奇怪的器物引起了学术界专家的兴趣，它究竟是做什么用的呢？各种各样的猜想冒出来：是图腾、饰物摆件还是工具？众说纷纭。

中国古代文明起源于黄河流域的中原地带，人类先祖称自己为龙的传人。三星堆遗址位于四川省，与中原文明

的起源处于同一时期。三星堆的青铜爬龙与中原的华夏龙有着相似的形态，三星堆的古蜀人与中原人或都属于龙的传人。

唐代大诗人李白的《蜀道难》道出二者之间的渊源，：蜀道之难，难于上青天！蚕丛及鱼凫，开国何茫然！：——蜀道太难走呵，简直难于上青天！传说中蚕丛和鱼凫建立了蜀国，开国的年代实在久远，无法详谈。

名著篇

在中国的四大名著中，龙可谓不可或缺

的角色，每条龙的性情、美丑、善恶、能量，都被书写得淋漓尽致。

龍的传奇○名著篇

《西游记》中的龙王们

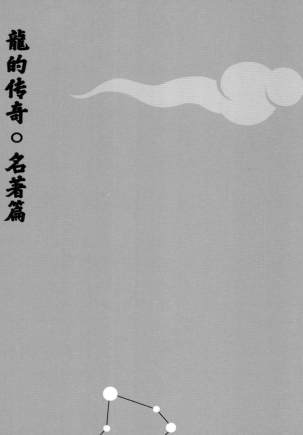

盘点中国四大名著，与龙关联度最高的一定是《西游记》。整部书的引子就是从泾河龙王讲起的：泾河龙王因与术士袁守诚打赌下雨的时辰和点数，触犯了天条，被魏征在梦中斩杀，从而引出了玄奘法师去西天取经的故事。这位泾河龙王正是四海龙王的妹夫，在龙王家族的地位颇高。泾河龙王最值得炫耀的是他的九个儿子。长子小黄龙，是掌管淮河的龙神；次子小骊龙，是掌管济水河的龙神；三子青背龙，是掌管长江的龙神；四子赤髯龙，是掌管黄河的龙神；五子徒劳龙，帮

佛祖司钟；六子稳兽龙，帮助神官镇脊；七子敬仲龙，帮助玉帝看守孽天华表；八子蜃龙，帮助敖广管理武当山；九子鼍龙，被送到黑水河修炼，后来孙悟空渡黑水河，被带回西海龙宫。

在《西游记》中，四海龙王的戏份比泾河龙王要重得多，贯穿了整部剧情，它们是掌控东海的龙王敖广，掌控西海的龙王敖闰，掌控南海的龙王敖钦，掌控北海的龙王敖顺。在西天取经的漫漫长路上，四海龙王皆助力过孙悟空：东海龙王把龙宫的镇宫之

宝金箍棒借给了孙悟空；西海龙王派出了龙太子敖摩昂亲自前往捉拿小鼍龙，替孙悟空化解一难；南海龙王为孙悟空贡献了一顶凤翅紫金冠；北海龙王帮助孙悟空对付羊力大仙，还护持过唐僧师徒不被狮驼岭的妖怪在大锅里蒸了吃掉。

唐僧的坐骑白龙马，曾是西海龙王敖闰的第三个儿子，称玉龙三太子。因纵火烧了殿上明珠，被亲生父亲上表天廷告他忤逆之罪，玉帝将他吊打三百下后欲处以死刑。此时，观音菩萨去往大唐寻找取经人，听见白龙哀

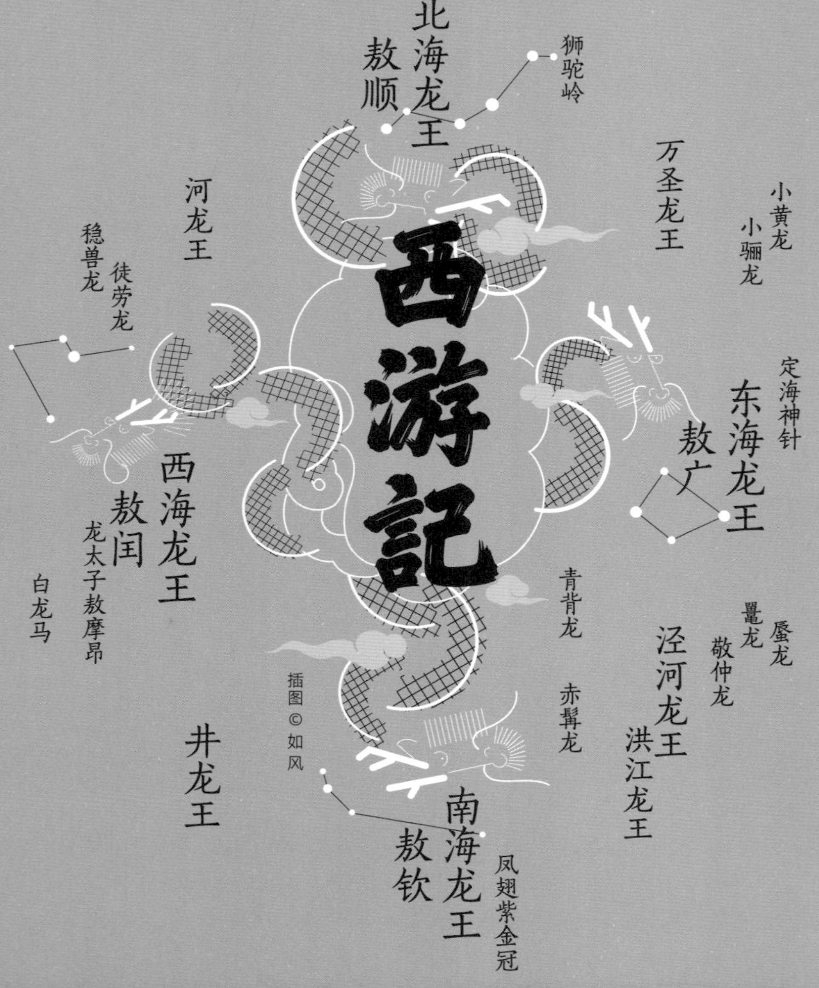

西游記
北海龙王
敖顺
狮驼岭
万圣龙王
小黄龙
小骊龙
河龙王
稳兽龙
徒劳龙
定海神针
东海龙王
敖广
西海龙王
敖闰
龙太子敖摩昂
白龙马
青背龙
鼉龙
蜃龙
敬仲龙
泾河龙王
洪江龙王
赤髯龙
插图©如风
井龙王
南海龙王
敖钦
凤翅紫金冠

嚎，询问缘由后去找玉帝求情。三太子的死罪被免除之后，观音就让他在蛇盘山鹰愁涧等候取经人，变成白龙马驮唐僧西行。

《西游记》中姿态各异的龙王形象，有血有肉、善恶分明，与世人无异。除了上文提到的那些龙王，《西游记》中还有洪江龙王、万圣龙王、河龙王、井龙王，等等。

水泊梁山五虎将

龍的传奇○名著篇

《水浒传》的龙与《西游记》的龙有天壤之别。如果说《西游记》的龙"天马行空"，那么《水浒传》的龙则"足履实地"。

《水浒传》讲的是北宋末年以宋江为首的一百零八位好汉，从聚义梁山泊，到受朝廷招安，再到大破辽兵，最后剿灭叛党，却遭奸人谋害的英雄故事。这一百零八位梁山好汉或豪放不羁、或刚正不阿、或机智过人、或骁勇善战，有五条"龙"就蕴藏其间，他们是入云龙公孙胜、九纹龙史进、混江龙李俊、出林龙邹渊、独角龙邹润。

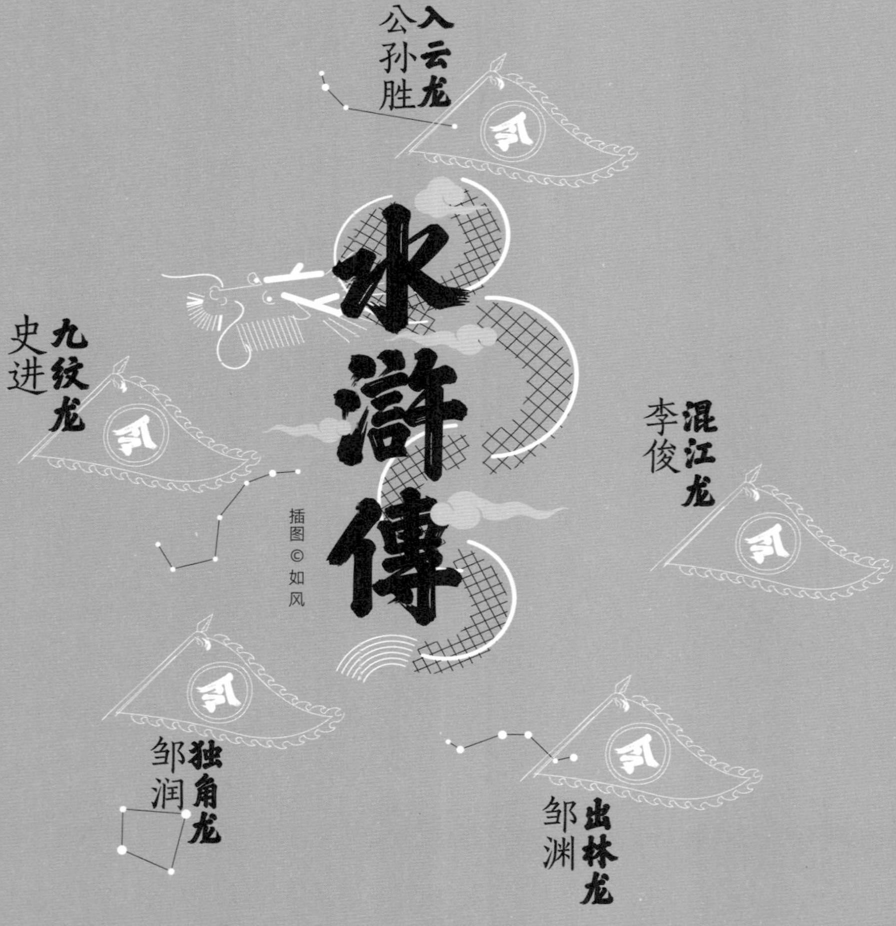

插图©如风

入云龙公孙胜，身高八尺，相貌堂堂，因欣赏宋江的为人，主动投靠，大聚义时被排在第三位，成为梁山军的重要一员。在梁山上，公孙胜是掌管机密的副军师，军机参赞。关于“入云龙”绰号的由来，要从其幼年说起。公孙胜自幼学习枪棒，学成武艺多般，后来师从罗真人，学得一身道术，可呼风唤雨、驾雾腾云，故得名“入云龙”。

九纹龙史进在梁山一百单八将中排名第二十三位。戏份虽不多，却是整部书中第一位亮相的梁山好汉。史进有勇无谋，被逼上梁山，他以义为重，

为忠献身。那么，史进为何被称为“九纹龙”呢？是因为他从小爱打打杀杀、不堪造就，甚至气死了生母。其父奈何不得，只得顺着他的性子，花银子请来师父教他武艺，还请高手匠人给他刺了一身花绣，肩臂胸膛共文有九条青龙，从而得到“九纹龙”的绰号。

混江龙李俊，梁山大聚义时，一百零八将之二十六位，上应天寿星，担任水军头领。征四寇时统领水军，屡立战功。平定方腊后诈病归隐，与童威等人远赴海外，成为暹罗国主。“混江龙”本是治河时刷扫河沙的一种工

具，为宋代清理黄河泥沙所用。李俊以“混江龙”为绰号，有翻动江河之意。出林龙邹渊原是登云山寨主，后因劫牢上了梁山。梁山大聚义时，成为一百零八将之一，排第九十位，上应地短星，职司为步军将校。关于邹渊为什么叫出林龙，书中并没有明确的记载。有人认为邹渊之所以被称为“出林龙”，是因为他在战场上犹如神龙出没。征方腊时，邹渊战死于清溪县，后被追封义节郎。

独角龙邹润与出林龙邹渊是叔侄关系。

邹润身材颀长、长相奇异，为人却慷慨忠良，还有好武艺傍身。因其脑后生有一坨肉疙瘩，所以被唤作“独角龙”。

龍的传奇○名著篇

《三国演义》中名气最大的龙

有人专门盘点过《三国演义》中的龙，一共数出二十条之多。这些"龙"有真龙天子，就是在封建王朝的历史背景下，能够名正言顺地做皇帝统治万民的人，如汉献帝刘协、曹丕、刘备、孙权、袁术等。还有一类是名门望族的子嗣，皆以"龙"相称。但是，《三国演义》中名气最大的龙，非诸葛亮莫属。

诸葛亮，三国时期蜀汉丞相，杰出的政治家、军事家、外交家、散文家、书法家、发明家、文学家。诸葛亮幼年丧父，同叔父躬耕于南阳，后追随刘备，为刘备奠定了"三分天下有其一"的基础。

三國
演義
卧龙先生
诸葛亮
王匡
袁绍
孙策
韩馥
刘表
曹丕
公孙瓒
张鲁
马腾
汉献帝刘协
吕布
孙权
董卓
刘禅
曹操
张扬
陶谦
张绣
袁术
孔融
刘备
插图©如风

那么，为什么说诸葛亮是三国时期名气最大的龙呢？

在《三国演义》中，曹操曾论述过龙的特点："龙能大能小，能升能隐；大则兴云吐雾，小则隐介藏形；升则飞腾于宇宙之间，隐则潜伏于波涛之内。方今春深，龙乘时变。"恰好暗喻了诸葛孔明。在出茅庐之前，诸葛亮隐居于襄阳的古隆中，其居住之地有一冈，名曰"卧龙冈"，因此他的道号是"卧龙先生"。刘备"三顾茅庐"时就赞叹过隆中的山水果然是神仙住的地方，诸葛亮仿若隐伏在隆中的人中之龙。潜龙在渊，一旦

遇到风云变化，只要时机成熟，便能遨游九天。这也正应了水镜先生的话：“此人乃绝代奇才，使君急宜枉驾见之。若此人肯相辅佐，何愁天下不定乎！”

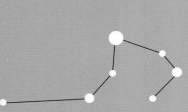

龍的传奇○名著篇

《红楼梦》中龙元素

《红楼梦》中有一名句，出自《护官符》一诗："东海缺少白玉床，龙王来请金陵王。"的确，《红楼梦》中的人物非龙即凤，无不显露着皇家气派，但是今天我们来说说书中的各种龙元素。

《红楼梦》第二十二回写道："（元春娘娘差人送出一个灯谜儿，命你们大家去猜，猜着了每人也作一个进去。"贾环作的灯谜是："大哥有角只八个，二哥有角只两根。大哥只在床上坐，二哥爱在房上蹲。"据贾环自己的解释，其谜底是："一个枕头，一个兽头"。

紅樓夢
石頭記
听曲文宝玉悟禅机
制灯谜贾政悲谶语
鸳鸯
袭人
王夫人
贾探春
贾宝玉
王子腾
李纨
薛宝钗
头上戴着束发嵌宝紫金冠，齐眉勒着二龙抢珠金抹额
薛蟠
贾惜春
大哥有角只八个，二哥有角只两根。
大哥只在床上坐，二哥爱在房上蹲。
秦可卿
妙玉
贾元春
林黛玉
勒着双龙出海抹额，穿着白蟒箭袖
罩一件海龙皮小小
褂
贾迎春
晴雯
东海缺少白玉床，龙王来请金陵王
王熙凤
薛宝琴
贾惜春
贾探春
麝月
紫鹃
贾元春
史湘云
雪雁
贾迎春
插图©如风

其中"爱在房上蹲"的"二哥"便是兽头。传说龙生九子，各不相同，这位"爱在房上蹲"的龙子惯飞天遁海、兴风作浪，善吞火，又喜欢登高远眺，因此古人将它置于殿宇屋顶，祈望它能驱邪、避火、镇宅。中国古代传统建筑多是木质结构，因此防火尤为重要。

《红楼梦》中衣饰类的龙纹，虽然不如皇家御用的那般奢华，却也别有一番情致。使用龙纹装饰最多的人，正是有着"活龙""龙种"之称的贾宝玉。我们在书中找到三段描述，第一段：

：“头上戴着束发嵌宝紫金冠，齐眉勒着二龙抢珠金抹额，穿一件二色金百蝶穿花大红箭袖，束着五彩丝攒花结长穗宫绦，外罩石青起花八团倭缎排穗褂，登着青缎粉底小朝靴。戴着束发银冠，勒着双龙出海抹额，穿着白蟒箭袖，围着攒珠银带，面若春花，目如点漆。”

第二段：“（宝玉）头上戴着纍丝嵌宝紫金冠，额上勒着二龙抢珠金抹额，身上穿着秋香色立蟒白狐腋箭袖，系着五色蝴蝶鸾绦，项上挂着长命锁、记名符，另外有一块落草时衔下来的

宝玉。”

第三段：“（宝玉）只穿一件茄色哆罗呢狐皮袄子，罩一件海龙皮小小鹰膀褂，束了腰，披了玉针蓑，戴上金藤笠，登上沙棠屐，忙忙的往芦雪庵来。”

“二龙抢珠”“双龙出海”皆是喜庆吉祥的装饰图纹，从西汉起便多用于建筑彩画和高贵豪华的器皿装饰上，显示出活泼生动的气势。

《红楼梦》中随处可觅的龙纹装饰，除了在建筑和衣饰上出现，还出现在器物上。比如，妙玉亲自捧了一个海

棠花式雕漆填金云龙献寿的小茶盘；贾琏将自己戴的一个汉玉九龙珮解了下来，拴在手绢上。古代玉器中有关于龙的造型，最早可追溯到新石器时期，在文博考古篇将进行详述。

龍騰